スウェーデン・デザインと福祉国家

住まいと人づくりの文化史

太田美幸

新評論

まえがき

デザインと福祉国家。いずれもスウェーデンが世界を魅了してきたテーマである。

スウェーデンを含む北欧のデザインが、現代の市場で得ている人気は絶大だ。スウェーデンの家具会社「イケア（IKEA）」は家具小売業者として世界最大規模を誇り、日本でもすっかり馴染みとなっている。北欧デザインを紹介する本や雑誌、北欧雑貨を販売する店などは増える一方で、スウェーデンに暮らす人々の標準的なライフスタイルを好意的に紹介する言説も各種メディアにあふれている。

他方、スウェーデンがつくりあげてきた高度な福祉国家体制も長らく注目の的となってきた。手厚い社会保障制度の詳細や、それらができあがる過程で繰り広げられた政治的議論、背景にあった思想や社会事情などが検討され、変化の動向も常に探られている。

公正で平等な社会を築き、誰もが安定した快適な暮らしを営めるようにすることは、多くの人々の願いであり、それをつくりあげてきたとされるスウェーデンに羨望のまなざしが向けられるのは不思議なことではない。そして、暮らしの舞台となる住まいのインテリアを販売するイケアが、「豊かな福祉国家スウェーデン」のイメージを前面に掲げてきたことも、ビジネスのうえではきわめて有効な戦略だったといってよいだろう(*)。

だが果たして、スウェーデンが世界の注目を集める福祉国家であるということは、住まいのインテリアとどう関係しているのだろうか。スウェーデンの近代デザインが市場で支持されていることと、スウェーデンが福祉国家をつくりあげてきたこととの間には、何らかのつながりがあるのだろうか。

実のところ、国際的評価の高いスウェーデン・デザインが生み出されたのは、スウェーデンで社会民主党が政権に就き、福祉国家建設に向けて歩みだそうとしていた、まさにその時期だった。そのとき、スウェーデン社会では何が起こっていたのか。人びとの住まいと暮らしは、それによってどう変わったのか。本書で探求していきたいのは、こうしたことである。

本書ではとくに、暮らしの舞台となる住まいの変遷と、そこでの人々の暮らし方の変化を、生活環境が人間に与える影響に注目しながら記述してみたいと思う。福祉国家建設の過程において人々の暮らしはどのように変化し、人々はそれをどのように受けとめたのかを、日常生活のレベルから見ていきたいのである。

かつて、イギリスの建築史研究者エイドリアン・フォーティー（Adrian Forty）は、「われわれの文化におけるデザインの意義と、それがわれわれの生活や精神に及ぼす影響の程度」を示すために、『欲望のオブジェ　デザインと社会　一七五〇年以後』を書いた(**)。本書も、フォーティーのこうした問題意識を共有している。

結論を先取りしていえば、スウェーデンにおける福祉国家建設の背景には、暮らしの環境をつくりかえることによって人々の意識や行動を変え、それによって社会を変えていくことを目指した近代デザイン運動があった。スウェーデン・デザインと福祉国家の理念は、人間形成・社会形成をめぐる思想を接点としてつながっている。したがって、住環境やそれを取り巻くデザインに注目することは、この国がつくりあげてきた福祉や教育（人づくり）の特徴を理解するためにも有益であるはずだ。本書では、複雑に絡みあったそれらの関係を、歴史の流れに即して、できるだけわかりやすく示していきたい。

スウェーデン・デザインへの関心から本書を手に取ってくださった読者の方々にはぜひ、美しい街並みやお気に入りの作品を思い起こしながら、それらの社会的な意味について思いをめぐらせていただければと思う。

（＊）サーラ・クリストッフェション／太田美幸訳『イケアとスウェーデン―福祉国家イメージの文化史』新評論、二〇一五年参照。

（＊＊）原著は一九八六年。邦訳は、高島平吾訳、鹿島出版会、一九九二年（新装版二〇一〇年）。

もくじ

第1章　古き良き景観を守る
——野外博物館スカンセンと民族ロマン主義

第2章　「美しい道具」をつくる
——ヘムスロイドの伝統と刷新

第3章

「美しい住まい」の提案
――カール・ラーションとエレン・ケイ

第7章　「美しい住まい」の実践
――趣味を育てる消費者教育

略称一覧

ABF　労働者教育連盟（Arbetarnas bildningsförbund）
CSA　ソーシャルワーク中央連盟（Centralförbundet för socialt arbete）
FEH　持ち家協会（Föreningen egna hem）
HFI　家庭研究所（Hemmens forskningsinstitut）
HSB　借家人住宅貯蓄協会（Hyresgästernas sparkasse- och byggnadsförening）
KF　消費協同組合連合（Kooperativa Förbundet）
KFAI　消費協同組合連合建築事務所（Kooperativa Förbundets arkitektkontor）
LO　労働組合全国組織（Landsorganisationen i Sverige）
NK　ノルディスカ・コンパニエット百貨店（Nordiska Kompaniet）
NME　移民流出防止全国協会（Nationalföreningen mot emigrationen）
SHR　スウェーデン・ヘムスロイド協会連合（Svenska Hemslöjdsföreningarnas riksförbund）
SKB　ストックホルム住宅協同組合（Stockholms Kooperativa Bostadsförening）

凡例

○引用・参照の典拠は、章ごとに注番号を付し、著者名・出版年・頁数を巻末の「注」に示す。引用・参照した文献の書誌情報は、巻末の「参考文献一覧」に示す。

○写真・図表の典拠は、巻末の「写真・図表出典」に示す。

○本文の補足説明としての注は、ページごとに（*）または（**）を付してページ左端に示す。

○スウェーデン語のカナ表記については、できるだけ原語の発音に近くなるように表記するが、すでに日本で定着しているカナ表記がある場合はそれを用いる。

○歴史上の人物については、名前の原語スペルと生没年を本文中に示す。スウェーデン語の固有名詞については原語スペルを本文中に示す。本文中で言及する同時代の研究者については、参考文献一覧に名前の原語スペルが示されている場合は省略する。

ストックホルム中心部地図

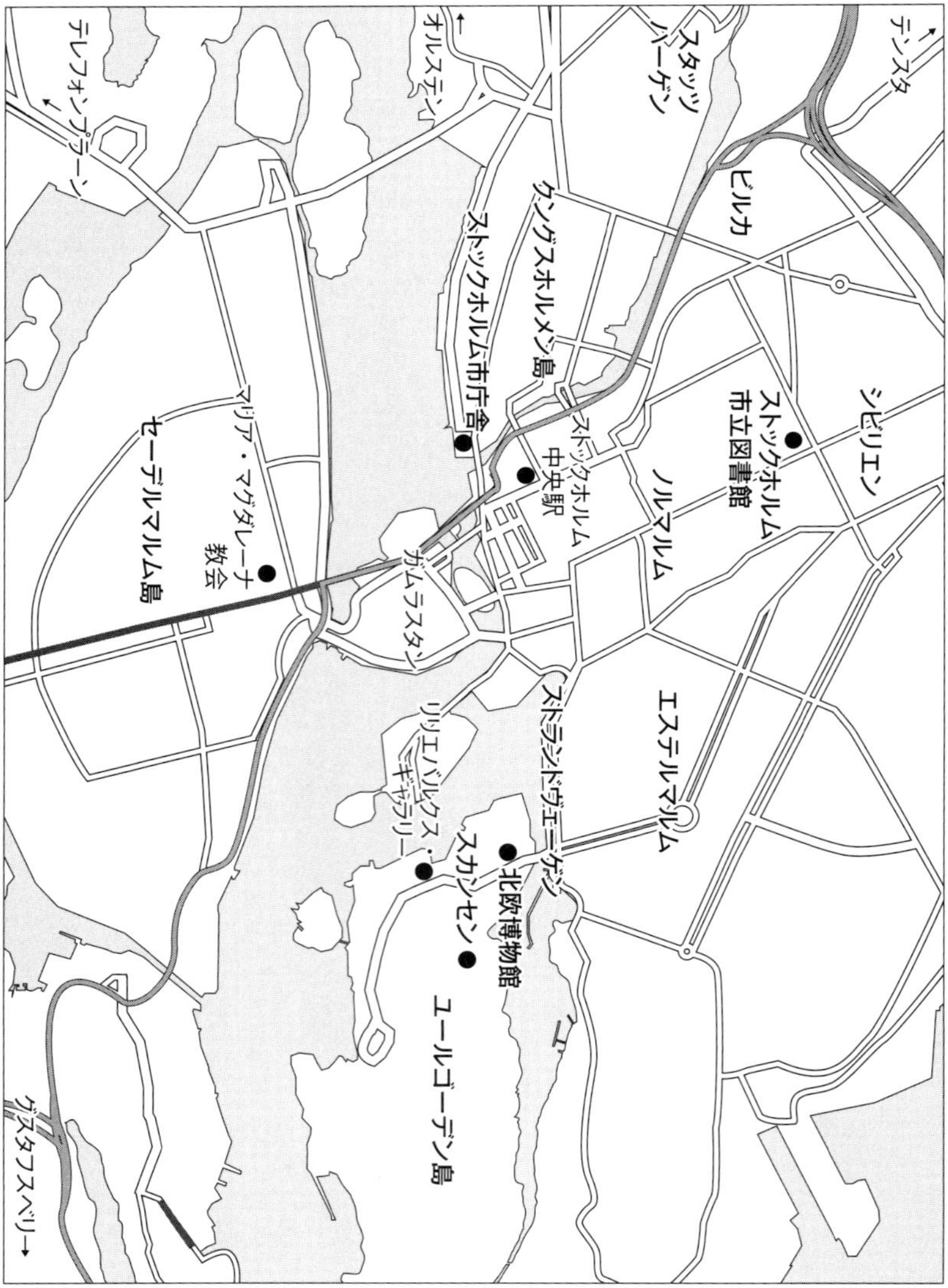

スウェーデン・デザインと福祉国家——住まいと人づくりの文化史

序章　スウェーデンの暮らしとデザイン

「スウェーデンらしさ」のイメージ

スウェーデンの児童文学作家アストリッド・リンドグレーン（Astrid Lindgren, 1907～2002）が一九四〇年代に発表した「やかまし村」シリーズは、古き良き農村の日常生活を子どもの視点から描いた作品である。スウェーデン中南部スモーランド地方の農村で育ったリンドグレーン自身の経験にもとづくもので、舞台となっているのは一九二〇年代だ。

街から遠く離れた山間にある「やかまし村」は、主人公のリーサが暮らす中屋敷と、北屋敷、南屋敷の三軒からなる小さな村である。どの家も木造の二階建てで、外壁は赤く、柱は白く塗られている。ここに住む子どもたちは、三軒の家の内外と、その周りにある納屋や畑、牧草地などで毎日さまざまな遊びを楽しんでいる。

隣村にある学校には森や農地に沿った道を長時間かけて歩いて通っているが、その通学路もまた愉快な遊び場となっている。農村の牧歌的な風景と、互いをいたわりながら暮らす家族の素朴で穏やかな生活を描いた、明るく楽しい物語である。

物語の冒頭で、リーサは七歳の誕生日プレゼントとして自分の部屋をもらう。機織りのために使われていた屋根裏の一部屋を、両親が子ども部屋につくりかえたのだが、その過程が興味深い。

リーサの父が細かい花模様の壁紙を貼る一方で、母は窓にかけるカーテンを縫う。さらに父は、いく晩も作業部屋に籠もり、タンス、棚、テーブルを一つずつと椅子を三脚つくりあげ、それらをすべて真っ白に塗装した。母もまた、端切れを使ったカラフルな裂き織りのカーペットを、時間をかけて織りあげていた。誕生日の朝、この部屋を初めて目にしたリーサは歓喜して大声を上げる。

スウェーデン語版の『やかまし村の子どもたち（*Barnen i bullerbyn*）』

当時の農村では、日常の道具を家族が手づくりするのは、ごく一般的なことだった。農閑期である冬の間、女性は裁縫や編み物、機織りに勤しみ、男性は木材や金属を加工して家具や道具をつくる。小さな村で自給自足の暮らしを営んできたスウェーデンの農民にとって、日用品の製作は家族がおこなう日常仕事の一部だったのだ。

リーサは、そうした仕事をする両親の姿を日々見ていたが、それが自分のためであるとは思いもよらず、できあがった美しい部屋を見て、「これ、魔法つかいがやってくれたにちがいないわ」[1]と思ったのだ。

真っ白に塗られた家具と素朴な色彩のテキスタイルからなるリーサの部屋は、いわゆる「伝統的な北欧スタイル」の原形ともいえるものだ。だが、実のところ、スウェーデンにおけるこうしたインテリアの歴史は「伝統」というほど古いものではなく、二〇世紀に入ってから少しずつ普及したものである。

また、「やかまし村」には農村の自然の豊かさもふんだんに描かれているが、森や湖、実り豊かな農地などからなる景観がスウェーデンの特徴として誇りをもって語られるようになったのも、わりと最近のことである。

かつてのスウェーデンでは、自然は厳しく過酷なもの、平凡でつまらないものと思われていた。そして、自然の過酷さ、生活の苦しさを描写した文学作品も少なからず存在する。「やかまし村」の舞台である一九二〇年代から一九三〇年代にかけてはプロレタリア文学が発展した時期でもあるが、スウェーデンにおいても、ダン・アンデション（Dan Andersson, 1888～1920）、マリア・

サンデル（Maria Sandel, 1870~1927）、マルティン・コック（Martin Koch, 1882~1940）、イーヴァル・ロー＝ヨーハンソン（Ivar Lo-Johansson, 1901~1990）といった作家が、都市労働者や農村の小作人の苦しい生活状況を描写した作品を数多く残してきた。

厳しい自然のなかで過酷な農業労働に苦しむ人々、粗末な小屋にひしめきあって暮らす家族、幼いころから厳しい労働を強いられる子どもたち、貧しく希望のない生活に打ちひしがれる若者。家庭内での女性の地位は低く、決して平穏とはいえない家族関係もそこには描かれている。極寒の長い冬と劣悪な環境に耐える暮らしの描写は、児童文学に描かれる世界とは対照的であるといってよい。

階級間の垣根に隔てられた当時のスウェーデンは、決して豊かでも平等でもなかった。貧困がいかに凄まじいものであったかは、一九世紀後半から一九二〇年代にかけて、国民の四分の一近くが北アメリカに移住したことに表れている。かれらは過酷な労働と貧しさに耐えかね、人間らしい生活を求めて海を渡ったのである。

穏やかな農村の暮らしを描いたリンドグレーンの「やかまし村」は、世界各国で翻訳されて人気を博してきたが、その一方で、同時代の農民や労働者の悲惨な生活を映し出したプロレタリア文学はスウェーデン国外ではほとんど知られていない。それはおそらく、美しい自然、平等で寛大な福祉国家、洗練されたモダン・デザインなどからなる「スウェーデンらしさ」のイメージが、国際社会において広く共有されてきたことと無関係ではないだろう。

そして、そうしたイメージは、スウェーデンの人々自身が理想として追い求めたものでもあった。二〇世紀前半は、「豊かな暮らし」を求めた人々がさまざまな取り組みを通じてそれを実現しようとした時代だった。リンドグレーンという一人の作家が描き出したスウェーデンの農村生活のイメージは、それを求める社会背景のもとで生まれたものでもある。

スウェーデンは、高度な福祉国家を成立させたことによって世界の注目を集めてきた。近年はデザインやライフスタイルも絶大な人気を得ている。それは、スウェーデンのイメージ戦略が功を奏しているというだけでなく、豊かで快適な暮らしを実現するためにこの国で取り組まれてきたさまざまな試みが、概ね実を結んできたという事実の反映でもあるだろう。

だが、それが実を結んだ背景にどのような文化的要因があったのか、その変化の過程において市井《しせい》の人々がどのような思いを抱き、どのように暮らしを変えようとしたのかについてはあまり顧みられることがない。

物語に描かれたイメージも、福祉国家を成立させた政治的議論も、洗練されたデザインで設えられたインテリアも、すべて過酷な生活環境を克服し、「豊かな暮らし」の実現を目指した人々が生み出したものだ。そうした人々の営みに焦点を当て、日常生活の舞台である住まいの変遷と、そこに込められた思いを描き出すことが本書の目的である。

「国民の家」の暮らしと人づくり

厳しい自然環境と貧困に苦しめられていた人々の暮らしは、二〇世紀を通じて大きく変貌を遂げた。もちろん、スウェーデン社会は決してユートピアなどではなく、今でもさまざまな問題を抱えている。それでも、現代のスウェーデンでは、かつて人々を苦しめた劣悪な住環境は姿を消し、機能的な住まいが誰にでも手の届くものになった。戸建てであれ、集合住宅であれ、十分な広さが確保されており、セントラルヒーティングや衛生設備も整い、使いやすく工夫されたキッチンがある。インテリアを個性的に設えたり、庭や菜園などの手入れに熱を入れたりする人も少なくない。

住宅地から少し足を延ばせば、森や湖に行きあたる。自然のなかを散歩することも、スウェーデン人の日常的な楽しみの一つとなっている。夏になると、多くの人が数週間もの長い休暇をとり、田舎の豊かな自然を満喫しながら家族でゆったりと過ごしている。

各地域には、保育所や学校、公園、文化施設、医療センターやショッピングセンターなどが適切な規模で配置されている。社会福祉の手厚さゆえに税金も物価も高いが、政府に対する国民の信頼は厚く、地域コミュニティの活動に熱心に取り組む人々が多い。

こうした変化の背景に、福祉国家建設の取り組みがあったことはいうまでもない。一九三二年から一九七六年まで、四四年間にわたって政権を担った社会民主党は、「国民の家」というスローガンを掲げて、「誰もが平等で、互いを気遣い、協力し助けあう家庭のような国家」を目指した。

そして、ここでいう「家」は単なるメタファーではなかった。本書で見ていくように、一九三〇年代から一九四〇年代にかけてのスウェーデンでは、近代的で調和のとれた住環境が近代的な人間を育て、そのような人間によって民主的な社会が実現するという人間観・社会観が広く喧伝されていた。つまり、家族の住まいを改善し、そこに暮らす民主的な国民を形成することが、福祉国家をつくりあげるうえで重要な課題であるとみなされていたのである。

実のところ、こうした意図は、同時期に日本で展開していた「生活改善運動」にも見られた。(2) 大正期から戦後にかけて起こったこの運動は、人々の生活を近代的に刷新することを目指したもので、一九二〇年前後に文部省（当時）の社会教育行政に組み込まれたことによって活性化した。人々の生活改善、とりわけ住環境の改良は、当時の日本においても国民形成における重要な課題となっていたのである。

とはいえ、現代の日本とスウェーデンの住環境を比較してみると、その違いはあまりに大きい。また、住まいのあり方にともなって形成されるライフスタイルや、暮らし方をめぐる価値観も似ているとはいい難い。

スウェーデンにおいて、快適な住環境はどのように実現してきたのか。その過程でいかなるデザインが生み出され、それらは福祉国家建設においてどのような役割を果たしてきたのだろうか。

本書ではとくに、暮らしの舞台となる住まいの変遷と、そこでの人々の暮らし方の変化を、生活環境が人間に与える影響に注目しながら見ていくが、その歴史をひもとく前に、住まいと人間形成との結びつきについて、本書が依拠する考え方の枠組みを示しておきたい。

人間形成環境としての住まい

人間は、自然環境や社会環境など外部のあらゆる環境から影響を受けながら、生涯にわたって自己の精神と身体のありようを変化させていく。人間形成とは、このプロセスを指す言葉である。生きる環境が異なれば、生きるうえで必要とされる能力も異なり、そうした能力は生活するなかで徐々に身についていくものだが、こうした環境からの影響を意図的に統御し、人間形成を「望ましい方向」に導く営みが「教育」である。社会の変化が加速した近代以降は、こうした意味での教育が社会の維持・発展に不可欠のものとして認識されるようになった。

現代社会に暮らす私たちにとっては、教育といえば学校において子どもを対象におこなわれるものというイメージが強いが、必ずしもそればかりが教育であるわけではない。

たとえば、教育学者のジョン・デューイ（John Dewey, 1859~1952）は、「われわれは決して直接に教育するのではない」として、「環境による間接的な教育」を重視した。人間は、環境から無意識のうちに強い影響を受けているが、その影響力はきわめて精妙で浸透力が強いため、環境を統御することによってそうした影響をコントロールすることが重要だというのである。(3) 彼のこうした考え方にもとづけば、人々の生活の基盤となる住まいもまた、「環境による間接的な教育」がおこなわれる場とみなすことができる。

他方、人間が社会において役割を果たすためは、疲れたときに住まいに戻って緊張を解き、安らぎを得ることが必要だが、これは人間の自己形成の過程でもある。(4) 人間の生を支える重要な機能を住まいが有しているとすれば、住環境を整えるという行為は、「望ましい人間形成」のための一つの方法とみなすことができるだろう。

ところで、どのような人間形成を望ましいものとするのかは、時代や社会によって異なっている。それゆえ、社会が大きく変動する転換期には、その理念や方法がさまざまに模索されてきた。工業化の進展によって日常物質文化が著しく変容した一九世紀後半から二〇世紀前半は、まさしくそのような時期だった。

新たな生活への対応が迫られたこの時期に、日用品をデザインすることへの関心も高まったわけだが、それは人々の暮らしを豊かにするためでもあり、それを通じて人間をつくりかえ、さらに社会をつくりかえようとするものでもあった。(5) 近代デザインは、「人々の生活や環境をどのように変革し、どのような社会を実現するのかという問題意識を持ったプロジェクト」(6) として現れたのである。

このように考えると、近代デザインは、それ自体が人づくりの新たな形態でもあったといえる。(7)以下、本書では、スウェーデン・デザインの歴史をこうした観点から記述し、そこにいかなる人間形成の思想が込められていたのか、それが福祉国家建設をめぐる議論にどのように組み込まれ、人々の暮らしをどのように変えていったのかを探っていきたいと思う。

第1章から第7章までの各章では、スウェーデンのデザインや街並みへの関心を入り口として、人々の住環境の変遷と、その背景にあった近代デザインの発展の経緯を、それらに携わった人々の思想と運動に注目しながら辿っていくことにしたい。終章では、こうした作業を通じて見えてくる人々の暮らしの変遷を理論的にあとづけ、スウェーデンにおける人間形成と社会形成を支えてきたものを探りながら、近代デザインの社会的機能と、人間形成にとって住環境がもつ意味について検討する。

第1章

古き良き景観を守る
——野外博物館スカンセンと民族ロマン主義

原風景としてのスカンセン

スウェーデンの首都ストックホルムは、大小一四の島をもつ湖と緑の都市である。ストックホルム中央駅に降り立ち、重厚な建物が連なる中心部を東に向かって一五分ほど歩くと、ヨットハーバーに面した壮麗なストランドヴェーゲン通りに着く。ずらりと係留されているヨットを右手に眺めつつ、街路樹に沿ってしばらく行った先に、ストックホルム市民の憩いの場であるユールゴーデン島へと渡る橋が見えてくる。

ユールゴーデン島はかつて国王の狩猟場だったが、現在では博物館や美術館、植物園や遊園地などが集まり、島全体が大きな公園のようになっている。その中心に位置するのが、野外民俗博物館「スカンセン（Skansen）」だ。年間の入場者は約一四〇万人に上り、スウェーデン国内の観光地や文化施設のなかではもっとも人気が高い場所となっている(*)。

一八九一年に開設されたスカンセンは、世界最初の野外民俗博物館である。古い景観や建築、農作業や日常生活で用いられた道具などが保存・再現されており、来訪者はかつての労働や生活の様子を実際に体験できるようになっている。スウェーデンで誕生したこのような形態の野外博物館は、まもなく他の北欧諸国にも伝播し、やがてヨーロッパ全域に広がった。アメリカ大陸やアジア諸国にも、スカンセンから影響を受けて造られた野外博物館が多く存在する。

三〇万平方メートルに及ぶ広大な敷地をもつスカンセンの内部は、いくつかのエリアに分かれており、起伏の多い土地の形状を活かして、それぞれのエリアが緩やかにつながっている。展示されている建物は、一八世紀から一九世紀に建造されたものが多い。

入り口で入場料を支払って中に入り、順路に沿って小高い丘を登っていくと、いくつかの工房や商店、カフェなどからなる古い街並みに到着する。一九世紀の町を再現したエリアだ。年季の入った石

スカンセンの入り口

ストランドヴェーゲン

畳の道に沿って赤い壁の小さな木造建築が建ち並び、道端には古めかしい自転車や木箱を載せた手押し車がさりげなく置かれている。

ガラス工房や陶磁器工房、ベーカリーなどでは、実際に職人が昔ながらの手法で作業をしている。ベーカリーでは、焼き立てのパンを購入することもできる。カフェも営業しており、窓のそばのテーブルに伝統的な焼菓子を載せた大皿がいくつも置かれ、古いエプロンを身につけたスタッフが注文を受けてくれる。食品から日用品まであらゆるものを扱う商店では、モノが少なかった時代の消費のあり方を垣間見ることができる。

（＊）Riksantikvarieämbetet (2017) によれば、二〇一五年の年間入場者は約一四〇万人で、スウェーデンの文化施設のなかではもっとも多かった。第二位はルンド大聖堂で約七〇万人、第三位はリンシェーピンの「ガムラ・リンシェーピン」で約四〇万人。ガムラ・リンシェーピンは、二〇世紀前半の地方都市の街並みを再現した野外博物館である。

（左）工房で焼いたパンを売るベーカリー
（右）陶磁器工房

そこから少し先に進むと、スカンセンのほぼ中央に位置するボルネス広場に着く。広場の奥に聳《そび》えるのは、一七三〇年頃にスウェーデン南西部に建てられた木造のセグロラ教会だ。広場の東側には、貴族の屋敷や庭園、水車小屋、学校、塔などを移設したエリアがあり、その先にはスウェーデンならではの動物を集めた動物園がある。

各地方から移設された農家の建物は、中央の広場を取り囲むようにして広い敷地のあちこちに点在している。敷地内の通路は農村の小道を模しており、行き交う人々の様子までが再現されている。所々に古い衣装に身を包んだスタッフがいて、バスケットを片手に歩いていたり、ベンチに座って編み物をしていたりするのだ。話しかけると、のんびりとした口調で雑談に応じてくれる。

古い民家の薄暗い室内には、昔ながらの家具や日用品、農作業の道具が置かれている。窓からわずかに射し込む外光を頼りに目を凝らすと、食卓に並ぶ食器、暖炉の脇にぶらさがる鍋、長椅子の下に置かれた寝具など、リアルな生活の様子が見えてくる。

独特の色合いで塗られた家具には素朴な手彫りの装飾が施してあり、かつての農村ではあらゆる道具が農民の手で製作されていたことに気づかされる。こうした日用品の製作は、スウェーデン語で「ヘムスロイド（hemslöjd）」（hem《ヘム》は家庭、slöjd《スロイド》は手仕事によるものづくりを意味する）と呼ばれ、昔ながらの生活文化の価値を体現するものとみなされている。

ひと言でいえば、スカンセンは、スウェーデンが産業化・都市化する以前の、古き良き農村の

スカンセン内部の風景

景観と暮らしを現代に伝える場所だ。スウェーデン固有の自然環境のもとで形成されてきた風景のなかに身を置き、かつての素朴な暮らしを追体験したり、季節の行事をともに祝ったりすることは、スウェーデンの人々にとっては身近な娯楽の一つである。

そしてこれが、「スウェーデンらしさ」のイメージの源泉にもなっている。物質的には決して豊かではなかった過去の生活が、今やノスタルジックな原風景として人々の心を和ませているのだ。

しかし、当時の人々の多くは、薄暗く狭い家から抜け出して、より明るく快適な暮らしを送ることを望んでいたのではなかっただろうか。短い夏の間はともかく、一年の半分を占める暗く寒い冬には、人々の暮らしは決して彩り豊かなものなどではなく、むしろ厳しい自然のなかで必死に生活を守らねばならなかった。

スカンセンに再現されている景観は、確かに穏やかで素朴な豊かさを感じさせる。だが、農家の内部には、むしろ陰鬱で物悲しい雰囲気が漂っている。現代のスウェーデンに多く見られるような、明るくて軽快な、そしてシンプルで機能的な住まいとはあまりにも対照的だ。

単調で物悲しくもあった景観や住まいのありようが、苦しい生活の思い出をともなうものとしてではなく、素朴な美しさ、懐かしい温かさを感じさせるものとして広く人々に親しまれているのは、いったいどういうことなのだろうか。実のところ、これにはスカンセンが開設された当時の思想状況が深くかかわっている。

民族ロマン主義

一九世紀のヨーロッパでは、ナポレオン戦争（一八〇三～一八一五年）を契機として、国家を支えるために国民が団結することの重要性が自覚されはじめ、国民意識の醸成が図られるようになっていた。こうした動きは、一八世紀末以降に文学や美術などの領域において台頭した「ロマン主義」の運動とともに進行した。ロマン主義とは、古代ギリシャ・ローマの文化を模範とし、理性を厳格に重んじる古典主義に対して、個人の感情や主観、個々の独自性の表現を特徴とする思潮である。

ヨーロッパの周縁に暮らす人々にとって、大国の華やかな文化は憧れの対象であるとともに、自らの劣等性を認識させるものでもあった。そのなかで、国民意識を育んでいくために、それまで高くは評価されてこなかった自国の伝統や民族性の独自の価値に注目し、それを称賛することで自己肯定感を高めるようとする動きが広まっていった。これが、「民族ロマン主義（ナショナル・ロマンティシズム）」と呼ばれる運動である。一九世紀のスウェーデンでも、迫りくる変化に立ち向かい、新しい社会秩序をつくっていくために、民族ロマン主義が文学や美術などの領域で高揚した。

北欧における民族ロマン主義は、一九世紀初頭の文学界ではじまったとされる。北欧神話やヴァイキングの輝かしい歴史を賛美する作品が次々と生まれ、古代北欧の文化が称賛されるなかで、北欧諸民族が手を取りあって自らの文化を継承していこうという意識が人々のなかに芽生えていった。北欧の民族と文化を称揚する民族ロマン主義の運動は「スカンディナヴィア主義」と呼ばれ、ドイツやロシアといった大国の脅威に立ち向かう際の精神的な支柱にもなったといわれている。

スウェーデンの場合は、すでに一六世紀頃から「輝かしき古代スウェーデン」を熱狂的に称賛する歴史解釈が存在した。これは「イェート主義」と呼ばれる。

スウェーデン王国は、一一世紀頃、中北部スウェーデンに居住していたスヴェア人が中南部スウェーデンに居住していたイェート人を統合して建国したとされている。イェート主義とは、このイェート人（götar）と、ヨーロッパ大陸で五～六世紀に西ゴート・東ゴート両王国を建国したゲルマン系ゴート人（goter）とを同一視し、スウェーデン人をかつての勇壮なゴート人の末裔とみなすもので、一七世紀には国内で熱烈な支持を受けていた。ただし、ゴート人の原住地がスウェーデン南部であったという説はあるものの、イェート人とゴート人が同一民族であったことを示す根拠はない。

イェート主義は一八世紀には沈静化したが、一九世紀初頭にスカンディナヴィア主義が広まると、スウェーデンでは「新イェート主義」と呼ばれる運動が活性化することになった。この時期のスウェーデンは、ロシアとの戦争に敗れてフィンランドを失ったばかりで、古代イェートの自

スカンセンに再現されている19世紀の農村の様子

由な空気と勇壮さを再び人々に想起させることで、ポジティブな民族意識を形成しようとする気運が高まったのである。

その際、スウェーデンの国家的なシンボルとして注目されたものの一つが、農村における豊かな自然と、そこで継承されてきた生活文化だった。農村の風景が古代からの民族精神と結びつけられ、ノスタルジーを感じさせるものとして称賛され愛好されるようになったのだ。陽光あふれる手つかずの自然と素朴な田舎の景観が「スウェーデンらしさ」を象徴するものと認識されるようになったのは、これ以後のことである。

新イェート主義の拠点として一八一一年に設立された「イェート連盟（Götiska förbundet）」には、著名な文筆家や芸術家らが参加し、古代北欧を中心とする民話や伝統的慣習などを研究した。森や湖の美しさを称賛する文学作品や絵画が発表され、一九世紀を通じて、自然への愛情が徐々に喚起されていくことになる。一八八五年には「スウェーデン観光協会（Svenska Turistföreningen）」が設立され、野外活動が盛んに奨励されるようにもなった。

当時、イェート主義を支持していたのは、裕福な商人や工場主、医師、知識人などからなる新興市民層である。新しい社会秩序の形成を目指していたかれらは、古典主義を堅持して既存の秩序を守ろうとする国内の保守派と対立を深めていた。

イェート主義の支持者たちは新聞を発行するなどして世論の形成を図ったが、そこでは、保守派が重視する古代ギリシャ・ローマの古典的教養が、実際の農民の生活といかにかけ離れたものであるかが強調された。古代北欧の文化を継承する農村民衆の生活様式こそが重視されるべきであり、それをもとにして新しい時代の教養をつくりあげていこう、というのがかれらの主張であった。

ただし、こうした主張を展開していた人々は、同時に、民主主義的価値や科学的知識といった近代的な教養も重視していた。繰り返しになるが、かれらは、迫りくる変化に立ち向かい、新しい社会秩序をつくっていくこと、そのために国民の自己肯定感を育み、連帯感をつくりだすことを目指していたのであり、単なる復古主義者ではなかった。ヨーロッパの周縁国だったスウェーデンにとって、古代の文化を称揚し、農村に残る自然と文化を積極的に評価していくことは、異なる階級間の連帯を形成するための拠りどころをつくることでもあったのだ。

だが実際には、当時の農村では、民族ロマン主義の支持者たちが称揚した伝統的な生活文化は姿を消しつつあった。

農村社会の変容

現在のスウェーデンは豊かな福祉国家として知られているが、二〇世紀の初めまでは、ヨーロッパの周縁に位置する貧しい国の一つにすぎなかった。石炭資源に恵まれなかったため工業の発展が遅れ、北部においては水力を動力源として鉄鋼や森林資源を加工する製鉄業、製材業が一八世紀半ばから徐々に発展していたものの、人口の大多数は農村で農業に従事していた。

もともと穀物生産は活発ではなかったが、一八世紀後半から、森林地帯に居住していた農民がそれまで共有地であった平地に移り、開墾がはじまった。耕地面積の拡大を受けて生産力は向上したが、農村に暮らす多くの人々の生活は決して豊かではなかった。

スウェーデンの農民層は、農地を所有する独立自営農民、地主や自営農民の耕作地を借り受ける小作人、大農場や農家に雇われる農業労働者などに分かれていた。このうち、スウェーデン語で「スタータレ（statare）」と呼ばれる農業労働者は、一年契約で地主と労働契約を結び、住居や食料などの現物を給与として受け取りながら、家族ぐるみで労働に従事していた人々である。スタータレの家族は、雇用主が提供する粗末な長屋の一部屋に暮らした。

また、小作人は「トルパレ（torpare）」と呼ばれる。トルパレの家族が暮らしたのは、借り受けた耕作地のそばに建てられた小さな小屋で、これもたいていは地主の所有物だった。日頃からきわめて不安定な生活を強いられていたスタータレやトルパレの家族は、飢饉や農業不況のたびに深刻な打撃を受けた(*)。

さらに、一九世紀の人口増加のなかで、農地を所有している農民たちも徐々に弱体化していった。農村には相続の際に土地を子に分配する風習があり、農地の分割が繰り返されていたが、それがついに限界を迎えたのだ。相続するわずかな耕作地では、家族が暮らしていくのに十分な収穫を得られない。そうなると、農家の子どもたちはほかの仕事を探すしかなかった。

同時期に進行していた農業の近代化が、こうした状況に拍車をかけた。農作業の機械化は多大な投資を必要とし、それに対応できない小規模農民は没落していく。作業の合理化・集約化がすすむにつれて、小作人や農業労働者も徐々に仕事を失うことになった。こうして、土地をもたない農民の多くが、職を求めて農村から都市へ、あるいは外国へと移動していったのである。

一九世紀後半から一九二〇年代末にかけて、約一五〇万人のスウェーデン人が北米に移り住んだ。一八五〇年のスウェーデンの人口が約三五〇万人、一九三〇年は約六一〇万人であったことをふまえると、この時期の国外移住がいかに大規模なものであったかがうかがえる。まさに、国家の基盤が揺らぐほどの危機的な状況だったのだ。

他方、一九世紀前半には、農業に従事しない人が増えていたこともあって、農村においても小規模な工場が造られるようになっていた。織物業や木材加工業、金属加工業などが、農村地域でも徐々に発展したのである。

農村では従来、自給自足の生活が営まれており、生活に必要な日用品（衣服、テキスタイル、

（＊）　当時の農民の暮らしぶりを描いた文学作品は、いくつか邦訳されている。たとえば、ヴィルヘルム・ムーベリ（一九六二＝二〇〇八）『この世のときを』（山下泰文訳、北星堂書店）、マリアンネ・フレデリクセン（一九九四＝一九九九）『白夜の森（上）』（亀井よし子訳、講談社）、マルタ・サンドワル＝ベルグストローム（二〇〇七）『スウェーデンの少女グウラの物語』（竹内禮子訳、創英社／三省堂書店）など。

食器、家具、農作業の道具など）は各家庭で手づくりされていた。そうした品は、家庭内で使用するだけでなく、必要に応じて売り買いもされていたが、そこに工業製品が少しずつ入り込んでいくことになった。

一九世紀の後半には、昔ながらの手づくりの日用品（ヘムスロイド）に代わって、工場で生産された商品が日常的に用いられるようになりつつあった。実のところ、当時の人々の多くは、自らの生活様式を近代化したいと切実に願い、外国から伝来した目新しい生活用品が羨望を集めるようになっていたのである。

民族ロマン主義を支持する人々にとって、こうした状況は看過できないものだった。伝統的な農村の暮らしを守り、民衆の生活文化を継承していくことは、国民の連帯感を育成するための不可欠の手段とみなされた。これは、国民国家の形成に直接的に結びつく重要な課題でもあったのだ。

そこで、一八七〇年代以降、自給自足の生活が営まれていた時代の生活様式に関心を寄せた知識人らによって、古い道具や日用品を収集して保存する活動が開始されることになる。地域に伝わる民俗衣装やフォークダンス、伝統的な祝祭などを継承していこうとする人々も現れた。先に紹介したスカンセンは、まさしくこうした運動の一環として設立されたものなのである。

スカンセンの誕生

スカンセンは、一八九一年にアルトゥール・ハセリウス（Artur Hazelius, 1833～1901）によって創設された。すでに述べたとおり、彼が造りあげたスカンセンは、世界でもっとも古い野外民俗博物館である。古い建物を移築してかつての景観を再現し、生活の様子を体感できるようにするというスタイルは、やがて世界各国に広まった。

このような展示形式は、どのような効果を狙ったものだったのだろうか。また、そのアイデアはどのように生まれたのだろうか。まずは、彼の経歴をたどってみることにしよう(1)。

一八三三年に首都ストックホルムで生まれたハセリウスは、父親の教育方針により、八歳からの五年間、家族と離れ、スモーランド地方の農村の牧師館に預けられて育った。彼は自然あふれるこの地で農家の一員として暮らし、ひととおりの農作業にも参加するなかで、昔ながらの農村の暮らしに深い愛着をもつようになったという。

ウプサラ大学に入学すると、全国各地の農村を訪ね歩くようになった。彼がとくに心を惹かれたのは、スウェーデン中部に位置するダーラナ地方の素朴な自然と生活慣習である。他方、北欧諸民族の連帯を主張するスカンディナヴィア主義に傾倒し、学生運動にも参加するなかで、デンマークから伝来したグルントヴィ（Nikolaj Frederik Severin Grundtvig, 1783～1872）の思想に触れることとなった。

デンマークの思想家で牧師でもあったグルントヴィは、貧しい農村の民衆が劣等感を抱えていることに心を痛めていた。当時のデンマークでは、対外的には国境をめぐってドイツとの間に緊張関係があった一方で、国内では都市に住む支配層がドイツ語やドイツ文化を称揚し、デンマークの伝統的農民文化を蔑《さげす》んでいたことにより、都市と農村の対立が深刻化していた。グルントヴィは、こうした状況を打破するために、民衆が自らの文化や民族性に自信をもち、自らの言葉で発言することを可能にするような民衆教育を目指していたのである。

都市の貴族やエリートと労働者、農村民衆とが分かたれることなく文化を共有し、国民としての意識を育んでいくことは、ハセリウスにとっても向きあうべき重要な課題として認識された。

ハセリウスは一八六〇年に文献学の修士号を取得したのち、ストックホルムで教師の職に就き、一八六四年には高等師範学校の校長に任命された。だが、教員生活は性に合わず、一八七〇年には職を辞してフリーの出版者となり、人生の目的を探すかのように考古学や文化史の勉強をはじめる。

一八七二年の夏に再びダーラナ地方を旅したハセリウスは、昔ながらの農村社会が急速に変容していくなかで、伝統的な住居や日用品、民俗衣装などが見下され廃《すた》れていく様子を目の当たりにし、大きな衝撃を受けた。そうした品々を研究のために提供してもらえないかと農民たちに依頼したのが、スカンセンのはじまりである。

当時、ストックホルムでは一八七三年のウィーン万国博覧会に出展する民俗衣装のコレクションが公開され、人々の関心を集めていた。ハセリウスはここに目をつけ、伝統的な衣装や道具を収集し展示することで、民衆文化の固有の価値を人々に知らしめることができると考えた。そこで、かねてより心に抱いていた民衆教育の理念を実践に移そうと決意し、大規模な収集に着手する。そして、そのコレクションを展示するために、一八七三年、ストックホルムに「スカンディナヴィア民俗コレクション（Skandinavisk-Etnografiska samlingen）」を開館した。

一八八〇年になると、このコレクションは「北欧博物館（Nordiska museet）」へと名称を変更した。このとき、運営のための財団が設立され、コレクションの所有権が国家に譲渡されている。財団設立時の規約には、北欧博物館の目的として、「スウェーデンの民衆生活に根差した思い出の故郷となること」、「すべての階級を包摂すること」、「人々に知識を与えるとともに、国への愛情を喚起し育むこと」が明記されている。

さらにハセリウスは、館内展示の限界を乗り越えるべく、野外に民俗博物館を造ることを考案した。広大な公園に、各地の建築物を自然景観とともに移設・再現してスウェーデンのミニチュアを造り、北欧の動物や樹木、植物をも集めて、文化と自然の歴史を体感できるようにするという構想である。資金集めに奔走したのち、一八九一年にスカンセンの開園が実現した。

スカンセンでは、民俗衣装を着たスタッフが伝統的な建物で昔ながらの仕事を実演し、来園者はタイムスリップしたかのような感覚を味わいながら、遊びや歌やダンスに興じる。人々がそれ

スカンセンの西側に位置するハセリウス門（上）には、ハセリウスの胸像（左）や開園当時のポスターを持つハセリウスのパネル（右）などが展示されている

高床式の倉庫のそばで、小川の水を利用して来園者がスタッフとともに手作業での洗濯を体験している

スウェーデン北部から移築された農家の庭先で、古い衣装を着たスタッフが昔ながらの手法で亜麻の繊維を採り、亜麻糸をつくっている

スカンセンのほぼ中央に位置するボルネス広場。古い小屋を利用したオープン・カフェの先に、スウェーデン南西部で1730年頃に建てられた木造のセグロラ教会がある

を心から楽しみ、懐かしさと心地よさを感じれば、その景観が原風景として認識されることになる。これこそが、ハセリウスが意図したことだった。多くの人々がその感覚を共有することで、国民意識や連帯感が育成されると考えたのである。

ハセリウスは、祖国への愛情を高めるためには祝祭が効果的であることも認識していた。一八九三年からは、各地の祭りがスカンセンのイベントとして組み入れられるようになる。四月三〇日の夜にかがり火を焚いて歌を歌う「ヴァルプルギスの夜（Valborgsmässoafton）」はウプサラ大学の学生たちの慣習だったが、一八九四年にスカンセンのイベントとして採用され、やがて全国の大学町で実施されるようになった。

また、スウェーデンの建国記念日である六月六日は、もとはスカンセンではじまったグスタヴ一世（Gustav I, 1495~1560）を称える祝祭が公的な祝日となったものだ。一二月一三日の「ルシア祭」は、少女が頭にロウソクのリースを飾り、歌を歌いながらお菓子を手渡すという行事で、これもスカンセンで採用されたスウェーデン西部のスタイルがのちに全国に広がった。

このほか、スカンセンでは季節ごとにさまざまな行事を祝う。春にはイースターの市場、夏には夏至祭や、大勢が集まり声を合わせて歌う「アルソング（allsång）」という催し、秋には収穫した農作物を売る市場が開かれ、冬にはクリスマス（スウェーデンでは「ユール（jul）」と呼ばれる）が祝われる。現在では、スカンセンでの主なイベントはテレビ中継を通じて全国の国民に親しまれている。

◯景観保存運動の展開

スカンセンの開園後は、ハセリウスの活動に触発されるかのように、全国各地の農村で「景観保存運動（hembygdsrörelsen）」が活性化した。生まれ育った地域の古き良き景観と、そこでの生活文化を保護する運動である。

スウェーデン語の「hembygd」は「ふるさと」あるいは「田舎」を意味し、自らのルーツである農村の自然と文化への親しみを含意する言葉である。二〇世紀初頭以降、景観保存のための団体が地域ごとに組織されるようになった。

各団体では、地域に残る古い建物の保存、家具や日用品の収集、地域の歴史や古くから伝わる民話、フォークダンスや民俗衣装、夏至祭をはじめとする伝統的な祭りなどの保存・維持の活動がおこなわれている。こうした活動の拠点として、郷土園（hembygdsgård）や郷土博物館が各地で次々と設立された。

現在、スウェーデン国内には一三〇〇を超える郷土園が存在し、そのほとんどが地元の景観保存協会によって運営されている。各地の景観保存協会の連合組織として一九一六年に設立された「スウェーデン景観保存連盟（Sveriges Hembygdsförbund）」には約二〇〇〇団体が加盟しており、会員総数は四〇万人以上に上っている。

景観保存の活動に参加するのは、その土地に特別な愛着やこだわりをもつ人々だ。協会がそれぞれの地元で開催する各種イベントには、毎年延べ五〇〇万人ほどが参加する。(2) スウェーデンの総人口が約一〇〇〇万人であることをふまえると、これはかなり大きい数字である。

スウェーデンの人々は、普段はあまりナショナリズムを誇示することはない。だが、郷愁を誘う自然や文化に強い愛着をもつ人は少なくなく、これが国民意識の拠りどころになっているともいわれている。ただし、すでに見たとおり、こうした意識が定着したのは一九世紀以降のことで、「自然を愛するスウェーデン人」というイメージも、これ以降につくられたものにすぎない。その背景には、民族ロマン主義を支持した知識人による世論形成と啓発活動があった。二〇世紀初頭以降の景観保存運動を主導したのも、こうした知識人たちである。

さて、スカンセンの創設者ハセリウスが愛したダーラナ地方は、景観保存運動が活発な土地の一つである。中部スウェーデンの内陸に位置し、ノルウェーと国境を接するダーラナは、豊かな自然が広がる典型的な農村地域で、名所として知られるシリヤン湖を囲むようにして村々が点在している。

その素朴な景観は、「スウェーデンの原風景」または「スウェーデン人の心のふるさと」と形容されることが多い。銅鉱山で産出される染料を用いた赤壁の木造建築や、「ダーラヘスト(Dalahäst)」と呼ばれる木製の馬の置物は、ダーラナ名物として国外でもよく知られている。

ダーラナにおける景観保存運動を主導した人物の一人に、画家のグスタフ・アンカルクローナ

(Gustaf Ankarcrona, 1869～1933）がいる。彼もまた、工業製品や他国の生活用品が流入しつつあった状況を憂い、ハセリウスの影響を受けて古い日用品の収集に没頭した。彼がとくに力を注いだのが、ヘムスロイド（手づくりの日用品）の復興である。木工や織物のつくり手を探し出しては、昔ながらの型や模様の日用品の製作を依頼した。

ヘムスロイドに対するアンカルクローナの思想は、以後の景観保存運動に大きな影響を与えている。彼は、地域ごとの独自の環境と結びついたヘムスロイド作品を、きわめて価値の高いものとして重視していた。各地で継承されてきた道具の形や模様には、その土地の景観が深くかかわっている。そのため、伝統的なヘムスロイドを受け継いでいくには、景観を保存することが不可欠

シリヤン湖を望む景色

であり、だからこそ、各地域に郷土園が造られるべきだと彼は主張した(3)。

彼自身も、一七世紀から一八世紀にかけて建築された地元の建物を買い集め、シリヤン湖に程近いテルベリと呼ばれる風光明媚な土地にそれらを再築して、一九〇八年に「ホーレン郷土園（Hembygdsgården Holen）」を開園している。

彼は家族とともにここで暮らし、昔ながらの日用品に囲まれた生活を実践した。来園者は、かつての暮らしを物語る展示物として建物を見るのではなく、雄大な景色に囲まれた伝統的な家屋の中で伝統的な道具を用いて営まれる実際の生活を見学した。

ところで、景観保存運動は、同時期に高揚した青年運動ともかかわりが深い。青年運動は一九世紀末から二〇世紀初頭にかけてヨーロッパ各地で生じていたが、スウェーデンでは、北米への大量移住や都市の劣悪な住環境に対する問題意識を背景として、ナショナリズム、反資

20世紀初頭のヘムスロイドの様子

本主義、農業の再評価、アルコールの規制などを主張する若者たちが集まった。各地で年ごとに開催された青年集会では、講演会や各種講座が開講されるとともに、田舎の景観を賛美する歌が歌われ、地元に伝わるフォークダンスが踊られ、民俗衣装やヘムスロイドにも光が当てられた。

青年運動には、当時の著名人も多く参加している。アンカルクローナもその一人で、各地の集会に招かれて演説や講演を幾度となくおこなった。

また、同じくダーラナ地方に暮らした作家で、一九一五年に設立された「ダーラナ景観保存協会」の主導者の一人であったカール・エーリク・フォシュルンド（Karl-Erik Forsslund, 1872～1941）も、青年運動の思想的な主導者の一人とみなされている。

彼は学生時代、ウプサラ大学の学生団体「ヴェルダンディ（Verdandi）」で民衆教育運動に参加していた。ヴェルダンディは、当時のアカデミズムが掲げていた理念が現実の社会のありようとかけ離れていることに問題意識をもち、旧来の権威に反発して新しい知のあり方を追究した団体である。

学生たちは、各地の農村に出向いて講義や集会を開いたり、安価なブックレットを出版するなど、学習機会の少ない地域に住む人々に知識を届ける活動に勢力的に取り組んだ。(4) 当時の様子は、たとえば次のように記録されている。

――私たちは、ウプサラから若くて有能な人たちを迎えました。私が覚えているのは、何度もやって来てダーヴィンの学説について講義した印刷工のカール・エルヴィンです。彼はスピノザや他の哲学者、天文学についても講義しました。同様に、スンドビィベリからもテオドル・シエルマンという知的で愉快な若者が来ました。さらに、ウプサラからは哲学学士のアンデシュ・エルネも来ましたし、のちに教授となったハラルド・ノリンデルも来ました。

彼は、私の部屋に一晩泊まったことがあります。その部屋は家具もなく、快適な照明もなく、田舎で何の楽しみもありませんでしたが、当時貧しい学生だった彼はさして大きな要求はしませんでした。そう、ウプサラからは、私たちの教育活動を支援する人々がたくさん来たのです。(5)

学生時代のフォシュルンドは、ヴェルダンディの活動に参加するかたわら作家としての活動も開始し、豊かな自然を描写した作品を発表していた。学業を終えたのちはダーラナ地方ルドヴィーカに居を構え、アンカルクローナらとともに地元の景観保存運動を主導するようになる。彼はこの活動においても農村青年を対象とする教育活動を重視し、一九〇六年に設立されたブルンスヴィク民衆大学（Brunnsviks folkhögskola）にも深くかかわった。先に紹介した回想録には次のような記述もある。

仲間のカール・スンディーンと私がダーラナのブルンスヴィク民衆大学に入学したことも書いておかねばなりません。私たちは協会から各々五〇クローナの奨学金をもらって出発しました。私たちが参加したのは、ブルンスヴィク民衆大学の第五期（一九一〇年～一九一一年）のコースでした。

　それは途方もなく興味深い時間でした。自然や仲間たち、教師たちから、とりわけ、カール・エーリク・フォシュルンド、トシュテン・フォーイェルクヴィスト、リッカード・サンドレル、ユングヴェ・フーゴやニクラス・ベリウスなどの有能な人たちから刺激を受けました。

　あの頃は本当に楽しい時間でした。私たちは歌を歌い、楽器を演奏し、議論し、遊び、ピクニックに出かけ、また何よりも講義や演説、音楽会などに興奮しました。仲間の多くは、のちに民衆教育運動や政党、国会で活躍するようになりました。[6]

　フォシュルンドの代表作の一つである小説『大農場（*Storgården*）』（一九〇〇年）は、ダーラナの農村にある彼の実家（大農場《ストールゴーデン》と呼ばれていた）を舞台とする作品で、農村での豊かな暮らしを称賛しつつ、都市における殺伐とした生活は人間性を破壊するとして厳しく批判した。[7] 当時、大いに人気を博し、何度も版を重ねている。こうした作品や学生たちによる民衆教育の活動などを通じて、景観保存の理念は徐々に認知されていったと考えられる。

　とはいえ、農村の暮らしは依然として厳しく、一九一〇年代には農村から都市への人口移動に拍車がかかった。二〇世紀に入り、都市での収入のよい仕事とより快適な生活が、農村の青年たちをますます魅了するようになっていたのである。こうした現象は、「農村からの逃亡」と揶揄されていた。また、外国から伝来したダンスやカードゲームなどの新しい娯楽も広まりつつあった。

農村の生活文化を守ることを目指していた知識人たちは、こうした傾向を警戒し、これに対抗するために伝統音楽やフォークダンス、ピクニックといった昔ながらの娯楽で青年たちの気分を盛り上げ、国民意識を醸成するとともに、講義や講演会などを通じて工業化と都市化をめぐる社会問題の解決に資する知識を啓発することに努めたのである(8)。

また、景観保存運動に参加した知識人たちのなかには、社会民主主義の思想と運動に共鳴していた人々も少なくなかった。たとえば、フォシュルンドは社会民主主義青年連盟のメンバーで、社会民主党から国会議員に立候補したこともある。フォシュルンドやアンカルクローナらの尽力によって開校したブルンスヴィク民衆大学は、当初は社会民主党や労働組合全国組織、消費協同組合連合などから経済的な支援を受けていた。

景観保存の理念は、直接的に社会民主主義と結びつくものではない。しかし、この二つの運動への参加者が少なからず重なっていたという事実は、以後のスウェーデンにおける福祉国家形成の過程を見ていくうえで一つの鍵となる。

当時、新たな社会秩序の形成を目指した新興市民層や知識人らは、スウェーデンがバルト海沿岸を支配していた「大国時代」の記憶を核として旧来の体制維持を目指す保守派との対立を深めていた一方で、労働者層の支持を集める社会民主主義勢力との協力関係を構築しつつあった。

かれらが農村に伝わる生活文化を称揚したのは、「戦争ナショナリズム」ともいうべき保守派の方針に対抗し、民主的な社会をつくっていくための戦略であったが[9]、こうした戦略はやがて社会民主主義勢力にも共有されることになった。本書の後半で見ていくように、「スウェーデンらしさ」を称揚する民族ロマン主義は、社会の近代化を目指す社会民主主義の思想と絶妙に混じりあい、スウェーデン福祉国家を特徴づけていくことになるのである。

第2章　「美しい道具」をつくる

——ヘムスロイドの伝統と刷新

スロイドと芸術の学校

ストックホルム中央駅から地下鉄で南西に一五分ほど行った所に、「テレフォンプラーン」という名前の駅がある。「電話のエリア」を意味するこの地名は、かつてここに通信機器メーカーであるエリクソン（Ericsson）社の電話機製造工場があったことに由来する。この工場は、一九三〇年代後半、トゥーレ・ヴェンネルホルム（Ture Wennerholm, 1892~1957）の設計により建造された機能主義建築で、ストックホルム市の文化財に指定されている。

元工場の一部は、現在、スウェーデン国立美術工芸大学（Konstfack《コンストファック》）の校舎として使われている。一八世紀半ばに創設されたコンストファックは、デザイン産業を支える優れたデザイナーやアーティストを数多く輩出してきた教育機関だ。スウェーデン・デザインの巨匠と呼ばれるスティグ・リンドベリもこの学校の卒業生である。

一九四〇年代以降に目覚ましい活躍を見せたリンドベリのキャリアについては第7章で触れることにして、ここではコンストファックの成り立ちを手がかりに、スウェーデンにおけるものづくりの歴史の一端をひもといてみることにしたい。

コンストファックは、一八四四年に設立された「職人のための日曜製図学校（Söndagsritskola för hantverkare）」を前身とする。この学校は、美術史家のニルス・モーンソン・マンデルグレン（Nils Månsson Mandelgren, 1813～1899）が王立芸術アカデミーの校舎の一画を借りてはじめたもので、手工業の職人や徒弟に製図法や装飾の技能を教えることを目的としていた。

中世以来、都市の手工業者は同業者組合であるギルドを組織し、販売権の独占、品質管理、技能育成などをおこなっていたが、自由な競争を求める機運が高まった一八三〇年代以

テレフォンプラーン駅に隣接する旧エリクソン工場。建物の南側（左）は社会保険事務所のオフィスで、北側（右）がコンストファックの校舎として用いられている

降は、その閉鎖性や特権への批判が強まって勢力を失い、一八四〇年代初頭には議会でギルド制廃止が議論されるようになっていた。

やがて、一八四六年に制定された「工場および手工業令」でギルドは廃止され、一八六四年の「営業の自由令」で営業規制も撤廃されることになる。一八四〇年代から一八六〇年代にかけて、さまざまな職種でギルドに代わる新たな組織がつくられ、会員の学習や交流の場となっていった。近代的な労働組合運動はまだ活発化しておらず、これらの団体には政治的な性格は薄かった。

マンデルグレンが職人のための学校を設立したのは、まさにこの時期である。彼は、ギルド廃止によって外国産の安価な工業製品が流入し、スウェーデンの手工業が衰退してしまうこと、そして、専門的な訓練を受けていない職人による低品質の製品が出回ることを危惧した。それに対処するために、職人たちに技能向上のための新しい教育の場を提供したのである。そこでは、高度な技術と芸術性を重視した職業訓練が目指されていた。

しかし、マンデルグレンが設立したこの学校は、当初から資金繰りが非常に難しかった。学校を存続させるためには支援者が必要である。そこで彼が考えたのは、技能向上を目的とする手工業者の職能団体を新たに結成し、その団体に学校を経済的に支援してもらうことだった。このアイデアは、当時のストックホルムで労働者教育の活動に熱意を注いでいた人々の共感を呼んだ。

なかでも、労働者向けの教養サークルの運営に関与していた造船職人ヨーハン・フレドリク・アンデション（Johan Fredrik Andersson, 生没年不明）は、職人のための学校の存続は労働者の教養向上のために不可欠であるとみなして、その実現に力を尽くした。[1] マンデルグレンとアンデションの強力なイニシアティヴのもとで一八四五年に創設されたのが、「スウェーデン・スロイド協会（Svenska Slöjdföreningen）」（現在の「Svensk Form《スヴェンスク・フォルム》」）である。

のちに見ていくように、この協会はやがてスウェーデンのものづくりの拠点の一つとなり、スウェーデンの近代デザイン産業を牽引していく存在になった。

初期のスロイド協会の活動の中心を占めていたのは、マンデルグレンが創設した学校の運営である。会員が納める会費が学校の運営資金となり、さまざまな職種に対応する講座が開講されたほか、素材、道具、図版、製品サンプルなどを集めた資料館が開設され、学校の生徒だけでなく職人や工房にも所蔵品が貸し出された。さらに、展示会や仕事の仲介もおこなわれ、職人による高品質で見た目の美しい製品の魅力が盛んに宣伝された。

やがて、学校に対して国や自治体から補助金が支給されるようになり、活動の範囲は拡大していった。だが、それでも運営のための借入金は徐々に膨らみ、一八五九年には窮余の策として学校は国に移譲されることになった。[2]

国立化されたこの学校は、名称や校舎を何度か変更しながら、工芸やデザインの専門教育機関として実績を積み重ね、一九七八年に大学として認可されるに至った。これが現在のコンストファックである。スティグ・リンドベリは一九三七年の卒業生で、その時期この学校は「技術学校（Tekniska skolan）」と呼ばれていた。

現在のコンストファックには、テキスタイル、金属加工、セラミック／ガラス、家具／インテリア、工業デザイン、グラフィック／イラストレーションなどの学科がある。これらは「部門（fack）」と呼ばれており、各部門において「芸術・アート（konst）」を志向する教育をおこなってきたことから、一九四五年以降は「コンストファック」という名称が用いられるようになった。

各部門のうち、テキスタイル、金属加工、セラミックやガラス、家具などは古くから手工業の職人によって担われてきた分野だが、生活に密着した日常の道具として農村の家庭で手づくりされてきたものでもある。第1章でも見たように、農村地域では従来、自給自足の生活が営まれており、生活に必要な日用品は、農業の合間に家庭内で製作されていた。こうしたヘムスロイド製品は、家庭内で家族が使用するためだけでなく、販売用につくられることもあり、農家の重要な収入源になっていた。

職人による手工業（hantverk）と農村部のヘムスロイドは、いずれも伝統的な手仕事として、工場での工業生産とは区別される。芸術性の高いスロイドは「手工芸（konsthantverk/konstslöjd）」とみなされ、その技法やデザインを保護し発展させようとする運動が一九世紀後半にはじまった。その一方で、工業生産品の芸術性を高めようとする動きも同時期に生じている。これは「芸術工業（konstindustri）」と呼ばれる。

コンストファックの母体であるスロイド協会は、一九世紀後半から二〇世紀前半にかけて、この二つの動きの両方に関与しながらスウェーデンの近代デザインの基礎を築いたのである。

ものづくりの伝統

ヘムスロイドには、地域ごとに異なる特徴がある。たとえば、北部のオンゲルマンランド地方やヘルシングランド地方は亜麻の産地で、亜麻糸を用いたテキスタイルを発展させてきた。南部の一部には金属加工を得意とする地域があり、鎌や鋤といった農具、釘、鋲、刃物類などがつくられた。そのほか、樽、曲げ木細工、バスケットなどの木工品、織りや編みなどのテキスタイルは全国各地で製作されてきたが、地域ごとに独自の技法や意匠がある。たいていは、木工や金属加工は男性、テキスタイルは女性の仕事とされていた。

こうした製品は、各地で定期的に開催される市場で売り買いされていたほか、農民による行商も一九世紀末までおこなわれていた。農業だけでは十分な食料を得ることが難しかった地域のなかには、特定の製品を継続的に生産することで生計を成り立たせていた所もあり、各地の市場にはさまざまな地域から届けられた高品質のヘムスロイド製品が並んでいたという(3)。

とくに、第1章でも言及したダーラナ地方では、農業が振るわなかったためにヘムスロイドによる収入が切実に必要とされ、樽、バスケット、革製品、髪飾り、時計など、村ごとに特化した製品がつくられてきた。

また、当時は商業もギルド制によって都市の商人のみに許可されていたが、ヴェステルイェートランド地方のシューハーラズビュグデンという地域では、「クナッレ（knalle）」と呼ばれる行商人が国から特別な許可を得て、スウェーデン国内やノルウェーの農村地域をわたり歩いてヘムスロイド製品の行商をおこなっていた。

しかし、一九世紀前半以降は大量生産された工業製品が徐々に流通するようになり、都市部の手工業者と同じく、農村地域のヘムスロイドも苦境に立たされることになる。農村社会の経済が圧迫されるなかで、一九世紀半ばには、農家の収入源を維持・拡大するためにヘムスロイドを保護する活動が開始された。具体的には、各地域の農村振興協会で、技術指導やデザインの講習、展示会、販売用倉庫の整備などがおこなわれるようになったのである。こうした活動に対して、一八七〇年代からは国も補助金を支給しはじめた。

すでに見たように、首都ストックホルムでは、一八四五年に発足したスロイド協会のもとで、職人の手仕事による伝統的なものづくりの技術を保存・発展させながら、見た目にも美しい製品を生産していくことが目指されるようになっていた。こうした志向は農村部のヘムスロイドにおいても共有され、丁寧に製作されたことによる美しさがヘムスロイドの魅力として広く宣伝されるようになる。

やがて、同時期に台頭していた民族ロマン主義の思潮とも相まって、農村の素朴なヘムスロイドは、「スウェーデンらしさ」のシンボルの一つとしても重要視されるようになっていった(4)。民族ロマン主義の運動の一環として設立された野外民俗博物館スカンセンには、スウェーデン各地から古い建物が移築・復元されているが、それらの内部に展示されている家具や日用品のほとんどは、実際に使用されていたヘムスロイド製品である。

スカンセンに先立って開設された北欧博物館にも、ヘムスロイド製品の膨大なコレクションが所蔵されている。それら自体はきわめて素朴な手づくりの道具にすぎないのだが、一九世紀後半には、自然をモチーフとするシンプルな飾り気のなさに新たな価値が見いだされ、そうした文化的伝統を民族的な誇りとみなす意識が人々のなかに芽生えはじめていたのである。

ところで、スロイド協会では、昔ながらの熟練職人の技術やヘムスロイドの技法を保存しつつ、時代の要求に合わせてそれを改善し、国内の産業全体を発展させることが目指されていた。その背景には、外国から安価な製品が輸入され、国内の産業が圧迫されることへの恐れがあった。

初期の活動の中心は学校であったが、一八五九年にその学校を手放したあとは、講演会の開催や技術雑誌の発行、コンクールの実施などを通じて、職人たちの技術向上を支援することが

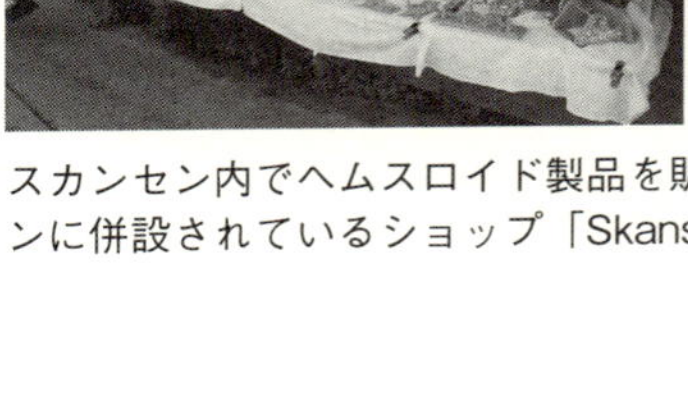

スカンセン内でヘムスロイド製品を販売する小さな売店（左）と、スカンセンに併設されているショップ「Skansenbutiken」の店内（右）

活動の中心となった。その一方で、一八六〇年代後半には、農村振興協会と連携して農村部のヘムスロイドを支援する事業も手がけるようになる[5]。

だが、都市でも農村でも工業化が加速し、外国製品との競争も激しくなっていくなかで、スロイド協会にとって工業主義と距離をとることは次第に難しくなっていった。支援を求める製造業者の声も高まり、一八六〇年代には、職人の技能向上の取り組みやヘムスロイドへの支援と並行して、工場での機械生産技術の向上を支援する事業が開始された。

こうしてスロイド協会は、職人の手仕事によるものづくりの維持と、機械を用いた工業生産の発展とを、ともに追求するようになったのだった。しかし、その両立は容易ではなく、のちに見るように、やがてスロイド協会はヘムスロイドの支援から撤退し、工業生産の質的向上に力を注ぐようになる。

ヘムスロイドを守る

一八七〇年代以降、ヘムスロイドの伝統を維持するための活動を精力的に担ったのは、各地に設立されていた農村振興協会や、それに関連する団体である。農村振興協会の活動は農家の収入源を維持・拡大することを目的としており、国も早くからそれを支援していた。

ヘムスロイドはまた、農村社会における秩序と道徳を守るうえでも重要だとみなされていた。農閑期に家庭内でおこなわれるヘムスロイドの製作は、農民の勤勉さの象徴であり、家族の絆を強くするものでもあると考えられていたのである。子どもたちは、家庭のなかでおこなわれる製作に幼い頃から接し、やがて自らもそれに参加しながら成長した。

他方、この時期には、農村振興協会などの活動に加えて、ヘムスロイドを守ろうとする女性たちの運動もはじまっていた。「ヘムスロイド運動（hemslöjdsrörelsen）」と呼ばれるこの運動は、農村で継承されてきた伝統的な美を守るという目的と、女性たちが経済的に自立するという目的とが結びついて生じたものである。

その先駆けとされるのが、ソフィ・アドレシュパッレ（Sophie Adlersparre, 1823～1895）の主導により一八七四年に設立された「ハンドアルベーテッツ・ヴェンネル（Handarbetets vänner）」だ。アドレシュパッレは貴族の家に生まれたが、父が事業に失敗して財産を失ったために自活の道を探ることになり、女性が職を得て自立することの難しさを痛感するなかで、やがて女性解放のための活動に身を投じた人物である。

一九世紀に入ってから、家庭の外で働く女性は徐々に目立つようになっていた。そのような女性の大半は、掃除や洗濯、食品製造などの家政に関する仕事、または紡績や縫製といったテキスタイル関係の工場労働などに従事していた。(6) 一九世紀後半まで、職業教育はほぼ男性のみを対象としており、女性が手に職を付ける機会はきわめて少なかった。

アドレシュパッレ自身は、幼い頃から家庭で高度な教育を受けて育ったため、家庭教師や翻訳の仕事で生計を立てることができた。女性が自活するためには、教育を受けて技能を高める必要があると彼女は考え、世論を喚起するため、一八五九年に『家庭雑誌（*Tidskrift för Hemmet*）』を友人とともに創刊した。スウェーデンでは、一八五八年に独身女性に市民権を認める初めての法律が可決され、女性の権利の拡大に向けた関心が高まりつつあった時期だった。

アドレシュパッレは『家庭雑誌』で女性をめぐるさまざまなテーマを取り上げたが、[*]女性の仕事としてとくに手工業に着目し、技術を教えるための教育の可能性を模索していた。そのなかで、ノルウェーで一八六一年に設立された「女性の手仕事振興協会（Foreningen til Fremme af kvindelig Haandverksdrift）」の存在を知る。

この団体は、女性のための手工業学校を設立し、デッサン、製図、簿記などを教えようとしていた。さらに、優秀な生徒には奨学金を支給し、さらに高度な教育を受ける機会を提供することも検討されていたという。女性に雇用を提供するために、独自の工場も設立されていた。

スロイド協会が設置していた学校でも類似の教育がおこなわれてはいたが、女性のための学校が必要であると考えていたアドレシュパッレにとって、ノルウェーにおける試みは魅力的なもの

（＊）第3章で紹介するエレン・ケイは、若い頃にこの雑誌から多くを学んだという（Hamilton（1917）s.59）。ストックホルムの王立図書館所蔵のエレン・ケイ・コレクションに収められている手書きのメモや手紙には、彼女がソフィ・アドレシュパッレからいかに多くを学んだかが記録されている（Danielsson（1991）s.57）。

だった。彼女はノルウェーからの依頼に応じて、デザイン見本や教材とするべく、スウェーデン各地の女性が手がけたヘムスロイド製品を収集するなど協力を惜しまなかった。また、ハセリウスが各地の日用品や民俗衣装の収集をはじめる前のことである。

さらにアドレシュパッレは、一八七二年にコペンハーゲンで開催された展覧会に参加した際、北欧の伝統的なモチーフを用いた芸術性の高い作品に感銘を受けたという。この経験も、女性による伝統的なヘムスロイドに対する彼女の関心を高めることになった。(7)

一八七四年に彼女が友人らとともに立ち上げた「ハンドアルベーテッツ・ヴェンネル」は、手仕事（handarbete）を愛する友人たち（vänner）が協力し、各地で継承されてきた手仕事の技を守り、芸術性の高い製品をつくること、そのための教育を提供し、女性の経済的自立の手段とすることを目指して活動を展開した。

ハンドアルベーテッツ・ヴェンネルがつくりあげたのは、スウェーデン各地で女性の熟練職人を探し、彼女たちと契約を結んで製作を依頼し、完成した製品を販売して製作者に利益を届けるというシステムである。

製作者には、ストックホルムで高度な技術を習得する機会が提供された。これによってハンドアルベーテッツ・ヴェンネルの側は、各地に伝わる古い技法やデザインの情報を収集することができ、製作者もさまざまな技術について指導を受けることができる。国から支給される補助金がこうした活動の資金となった。また、織物や刺繍の技法の開発にも力が注がれ、カーテン、クッ

ユールゴーデン島にあるハンドアルベーテッツ・ヴェンネルの本部。ここにアトリエ、ギャラリー、ショップ、学校などがある

タピストリーを仕上げる女性たち

刺繍をする女性

ション、テーブルクロス、カーペット、タピストリーなどが各地でさかんに製作された(8)。

ハンドアルベーテッツ・ヴェンネルは、現在までの一四〇年以上にわたる歴史のなかで画期的な技法や作品を数多く生み出し、多くの職人や指導者を育ててきた。一般に販売される製品のほか、公共建築や劇場、ホテルなどに作品を提供し、宗教儀式で用いるテキスタイルのデザイン・製作も手掛けている。現在は、とくに高度な技術を要するテキスタイル作品の製作や新しい技術の開発、テキスタイルの作家や職人を目指す人の教育などに注力しており、スウェーデンにおけるテキスタイル芸術の最前線を切り拓いている。

ハンドアルベーテッツ・ヴェンネルの設立によって本格始動したヘムスロイド運動は、工業化の波のただなかで、地域に密着した手仕事に経済的な活路を見いだそうとした女性たちの運動であったが、この運動は、農村社会の解体と都市化が急速に進行した一九世紀末から二〇世紀初頭にかけてさらに大きく成長していくことになる。

そのきっかけとなったのは、一八九九年にリリー・シッケルマン(Lilli Zickerman, 1858～1949)が創設した「スウェーデン・ヘムスロイド協会(Föreningen för Svensk Hemslöjd)」である。

地方都市で刺繍の製作と販売に従事していたシッケルマンは、一八九六年に奨学金を得てロンドンで学んだのち、一八九七年に開催されたストックホルム博覧会に作品を出品して高い評価を受けた。この博覧会で彼女は、工夫を凝らした新作のヘムスロイド作品よりも、古い作品のほうが美しく巧妙につくられていることに気づき、人々の生活になじむのは昔ながらの素朴な道具であって、見た目のよさで消費者にアピールしようとするのは逆効果であると認識するに至ったという(9)。

一般の人々が昔ながらの技法でつくるヘムスロイド製品は、このままではやがて工業生産品に押されて姿を消してしまうだろう。生活に必要な道具がどんな工夫のもとで製作されているか、どんな材料や道具が役に立つかを知ることは、生活を営むうえできわめて重要である。彼女は、農村で長らく継承されてきたその貴重な知識を、工業化した社会においても維持・発展させねばならないと考えた。

当時のストックホルムには、一般の人々が日々の生活のなかで製作したヘムスロイド製品を販売する店は存在しなかった。そこで彼女は、製作者と購買者をつなぐための仕組みをつくり、ヘムスロイドをビジネスとして成立させようと決意する。

わずかな人脈を頼りに各方面への働きかけを続けた結果、スウェーデン王室の一員であり、画家として活動していたエウシェン王子（Prins Eugen av Sverige, 1865～1947）の協力を得ることができた。彼を初代の会長として、スウェーデン・ヘムスロイ

リリー・シッケルマン

ド協会の設立が実現したのである。かねてよりエウシェン王子は社会の民主化と民衆教育に強い関心をもち、第3章で紹介する画家ハンナ・パウリや、その友人であったエレン・ケイらとも交流があった(10)。

スウェーデン・ヘムスロイド協会では、初期のハンドアルベーテッツ・ヴェンネルと同様に、ヘムスロイドの作家・職人に製作を委嘱し、完成した製品を店舗で販売するという方法が採用された。ハンドアルベーテッツ・ヴェンネルはヘムスロイドのなかでもテキスタイルに特化した組織だが、ヘムスロイド協会では、テキスタイルに加えて木工品や金属加工品なども扱う。以後、これをモデルとして、全国各地に類似の団体が数多くつくられた。一九一二年には、それらの全国組織として「スウェーデン・ヘムスロイド協会連合(SHR)」が創設されている。

SHRには現在八九の団体が加盟しており、会員総数は一万四〇〇〇人である。会員にはプロの職人や作

ストックホルム・ノルランズガータン通りにあるヘムスロイド協会の店舗

家もいれば、アマチュアのヘムスロイド愛好家もいる。全国に一九の店舗があり、各地で製作されたヘムスロイド製品が販売されている。

一九三三年からは雑誌『ヘムスロイド（*Hemslöjd*）』を年六回発行し、職人資格の審査や奨学金の給付などもおこなうようになった。また、ダーラナ地方インシェーンにあるヘムスロイドの学校「セーテルグレンタン（Säterglantan）」の運営にも携わっている。セーテルグレンタンでは、織物、裁縫、木工、金属加工などについて最長三年間のフルタイムのコースが開講されており、その一部は、職業大学局が管轄する正規の専門教育課程として認可を受けている。

「趣味の向上」という課題

一九世紀の西洋諸国では、モノの生産や消費のあり方が大きく転換しようとしていた。スウェーデンのものづくりをめぐる環境の変化も、その転換のなかに位置づけられる。

すでに見たように、一九世紀半ばのスウェーデンでは、国内産業の推進のために工業生産の技術向上が目指される一方で、伝統的な手工業やヘムスロイドの保護と発展のための運動が広く展開していた。ヨーロッパ辺境の後進国であったスウェーデンにとって、技術力で外国製品を凌駕することは容易ではなく、スロイドをめぐる運動は、後進国として近代化への道を模索するなかで広がったものであったといえる。その背景を、以下に簡単に整理しておこう。

この時期、西洋諸国は産業革命以後の生産力の向上を受けて、経済成長への期待に満ちていた。その象徴ともいえるのが、一八五一年に開催された世界初の万国博覧会である。ロンドンにおいて五か月にわたって開催されたこの万博には三四か国が参加し、来場者は延べ六〇四万人に上った。

ヨーロッパ諸国ではこれ以前から工業製品や工芸品の展覧会が開催されていたが、一八五一年のロンドン万博は、それを国際的な博覧会として拡大したものだったといえる。産業振興のための博覧会は一八世紀末から見られ、とくに革命後のフランスでは、各種工業製品を展示・販売し、それを通じて貿易と工業を振興するとともに、国民に自国の産業の活力を示すことが試みられていた。やがて国家的なイベントとして、華やかな会場での祝祭的な雰囲気を特徴とする産業博覧会のスタイルが定着していく。

一九世紀前半には、イタリア、ドイツ、スウェーデン、ベルギー、オランダ、アイルランド、スペイン、ロシアなどでも同様の博覧会が開催されていた。この頃には、博覧会は産業振興を目的とするだけでなく、近代国家にとって重要な政治的・文化的な役割を果たしうるものであることが意識されるようになっていた。

当時、工業力で圧倒的な優位を誇っていたのはイギリスである。他の国々は、イギリスの工業製品が自国に浸透することを防ぐために、自国の産業を育成すること、その力を国民にアピールすることを目指していた。[11]

これに対して、ロンドンで開催された第一回万国博覧会は、工業生産において優位に立つイギリスが世界に対して自らの威信を示すものとして開催された。最先端の技術やデザイン、各国の優れた工芸品が一堂に集められ、大いに刺激を受けた各国からの参加者は、さまざまな製品や素材などを持ち帰り、自国の産業発展に一層邁進した。これによってヨーロッパの産業に大きな変化がもたらされ、国家間の競争がさらに促されることになった。

第一回ロンドン万博には、上流階級や中産階級だけでなく、イギリス全土から数百万人の農民や労働者が団体で来場したという。その背景には、「健全な娯楽」として博覧会見学が奨励され、入場料が労働者階級にも手の届く価格に設定されていたことや、博覧会への来場者や展示品への論評が新聞で連日報じられ、人々の関心を高めていったことなどがあった。

当時、労働者の生活環境は悲惨というよりほかない状況にあったが、経済は好況で生活水準は徐々に上向きはじめており、人々のなかには消費への関心が芽生えはじめていた。無数の商品が展示された博覧会は、モノの消費に向けて大衆を啓蒙する機会にもなったのである。[12]

実のところ、この博覧会には、人々の「趣味（taste）」を向上させるという教育的意図も込められていた。イギリスでは、一八三〇年代から生産技術の高さに比して製品のデザインが貧弱であることが問題視されており、フランスやドイツの脅威を退け市場競争力を維持するためには、製品の美的な質の向上が不可欠であるとみなされていた。

一八四〇年代後半には、のちにロンドン万博の発案者となるヘンリー・コール（Henry Cole, 1808～1882）が中心となって、デザイン改良のための運動が開始された。コールは、実用的かつ美しい製品を生み出すことを目指して芸術を産業と結びつけることに尽力し、雑誌を創刊するなどして生産者と消費者双方に向けた啓蒙活動に取り組んだ。

コールらによって展開されたデザイン改革運動は、「よいデザイン」が人々の道徳心を向上させるという見方を前提としていた。「よいデザイン」は「よい人間」をつくりだす。つまり、デザインはそれ自体が一つの教育形態であるとみなされていたのである。[13]「よき趣味」を道徳心と結びつける見方が力をもった背景には、工業化の進展のなかで新たに誕生した中産階級の存在があった。富を蓄えた中産階級が自らの社会的地位をさらに向上させようとする場合、身につけている教養の高さがその指標となる。「よき趣味」は、美を「正しく」理解していることの証であるとみなされた。

市場競争力を高めることが課題とされていたなかで、こうした見方は人々の消費のあり方とも結びつけられることになった。「よき趣味」をもつ人々は、消費行動においても「低俗」な浪費に走ることなく、有用なモノを見きわめる賢さをもっている、というわけである。[14]それゆえに、生産者に対してのデザイン教育だけでなく、消費者である一般大衆に「よき趣味」を身につけさせることもまた重視されたのである。

一八五一年のロンドン万博には、さまざまな国の逸品に触れることによって、イギリス国民の趣味が大きく向上することも期待されていたのだったが、実際には、万博に出品された品々のデザインの水準はあまりにも低く、関係者を落胆させることになった。

その原因として指摘されたのは、長年にわたって受け継がれてきた職人の技や、美しいものを生み出すための芸術の基本条件について、製品の生産を担う製造業者がほとんど無知であったという点である。製造業者を教育するとともに、消費者には美しい製品を見分ける目を育成するという課題が、ますます切実なものとして議論されるようになった[15]。

万博の閉幕後、大衆の啓蒙という目的は、工業製品や工芸品を展示する博物館に継承された。万博での展示品をもとに一八五二年に開館された「装飾美術博物館」（一八五七年に「サウス・ケンジントン博物館」、一八九九年に「ヴィクトリア＆アルバート博物館」と改称）は、大衆の趣味向上を第一の目的として設置されたものである。

こうした意図をもつ博物館もまた各国に伝播し、ロンドン万博後には西洋諸国で産業博物館や工芸博物館が次々と設立された。一八六四年にはウィーンに「オーストリア芸術産業博物館」が、一八六七年にはベルリンに「ベルリン工芸博物館」が開館し、またロンドンに続いて一八五五年に万国博覧会を開催したパリでは、一八六三年に「産業応用芸術中央連合」が設立された。いずれも、芸術と工業生産を結びつけ、工業デザインを発展させること、また、国民の趣味を向上させるための教育の場を提供することを目的とするものだった。

スロイド協会と芸術工業

スウェーデンでこうした動きの担い手となったのは、早くから国との協力関係を構築していたスロイド協会である。スロイド協会は、一八六三年にスウェーデン初の国際博覧会を企画し、これは一八六六年に「ストックホルム芸術・産業博覧会」として実現した。

この博覧会には、スウェーデンのほかデンマーク、フィンランド、ノルウェーが参加し、三八〇〇点の出品があった。来場者数でも収益の面でも期待したほどの成果は得られなかったが、北欧諸国による芸術・産業博覧会は以後も続き、一八七二年と一八八八年にコペンハーゲンで、一八九七年に再びストックホルムで開催されている。

前述したソフィ・アドレシュパッレがハンドアルベーテッツ・ヴェンネルを設立する直前に参加したのは、一八七二年にコペンハーゲンで開催された第二回北欧芸術・産業博覧会であった。また、第3章で見るカール・ラーションの画集『ある住まい』の原画が出展されたのは、一八九七年のストックホルムでの第四回博覧会である。

すでに見たとおり、初期のスロイド協会の活動は手工業者の技術教育とへムスロイド支援が中心であったが、一八六六年の博覧会以降、スロイド協会の活動の焦点は徐々に工業生産のほうに当てられるようになった。その背景には、以前から職人の養成をおこなっていた王立工科大学での教育が軌道に乗ったこと、農村振興協会やヘムスロイド運動がヘムスロイド支援の活動に力を注いでいたことが挙げられる。

そのなかで、ロンドン万博のインパクトを受けて工業製品のデザイン向上を課題として認識するようになったスロイド協会は、芸術性の高い製品を工場で生産すること、すなわち芸術工業の領域に積極的にかかわるようになっていったのだった。

さらに、ウィーンの著名な美術史家であったヤーコプ・ファルケ（Jacob von Falke, 1825～1897）がスウェーデンの製品に関心を示したことも以後のスロイド協会の活動に影響を与えた。彼はオーストリア芸術産業博物館の館長として「趣味の向上」を目指す教育に携わり、ヨーロッパの芸術工業の発展に多大な影響力を発揮していた人物である。

ファルケは一八六七年のパリ万博や一八七〇年のスウェーデン訪問の際に、色鮮やかな民俗衣装や農民によるテキスタイル作品に触れ、帰国後にその芸術性の高さを雑誌記事で絶賛した。そのなかで、近代的な工業生産と伝統的なヘムスロイドのデザインを組み合わせることによって、スウェーデンの産業は大きく発展する可能性があるだろうという考えを示し、そのためには、国民の趣味の向上を促す教育が不可欠であると主張していた。(16)(＊) これがスウェーデンの関係者を大い

（＊）　彼の一八七一年の著作『家庭の芸術（Die Kunst im Hause）』の翻訳は、一八七三年にアドレシュパッレの発行する『家庭雑誌』に掲載され、大きな反響を呼んだ。

に励ますことになった。

ファルケの主張にとりわけ強く共鳴したのは、美術史家ロレンツ・ディエトリクソン（Lorentz Dietrichson, 1834～1917）である。ノルウェー人でありながらスロイド協会の幹部を務めていたディエトリクソンや、当時の会長フリッツ・フォン・ダルデル（Fritz von Dardel, 1817～1901）らは、伝統的なヘムスロイドと工業とを連携させるというファルケのアイデアを実現させることに尽力した。

その試みの一つとしてスロイド協会は一八七二年に、ストックホルムに工芸博物館を開館する。(17)これは、ロンドンのサウス・ケンジントン博物館、ウィーンの芸術産業博物館、ベルリンの工芸博物館をモデルとするものだった。この博物館には、全国各地を巡回する移動博物館も併設されており、地方の工芸と産業を支援することが明確に志向されていた。

さらに、工業製品の芸術面での発展を促進するための組織として、一八七四年にスロイド協会内に芸術工業部門が発足する。この部門が、工芸博物館の運営も担った。

芸術工業の推進と趣味の向上という課題に向けて、その拠点となりうる工芸博物館が設立されたことは大いに歓迎された。だが、スロイド協会のような民間の組織にとっては、その運営はいささか荷が重かったようだ。この博物館は一八八四年に閉館し、国立美術館に新設された工芸部門に併合されることになった。

他方で、地方を巡回する移動博物館の事業は、引き続きスロイド協会が担った。首都の博物館を手放したのち、スロイド協会は全国各地で開催される展覧会によって、国民の趣味の向上という課題に取り組もうとしたのである。この活動を通じて、地方に住む人々、とりわけ手工業職人やヘムスロイド従事者、工場経営者が、ストックホルムの博物館に所蔵されている作品を鑑賞することが可能となった。

一八八六年に改訂されたスロイド協会の規約には、活動目的の一つとして「趣味の向上」が掲げられた。以後、二〇世紀初頭にかけて、スロイド協会を含むさまざまな団体や建築家、デザイナー、製造業者らが連携しながら、美しい製品を生産し、それを消費者に伝えていく活動を繰り広げていったのだが、その展開は、イギリスをはじめとする他国とは異なる特徴を帯びることになる。次章では、それに決定的な影響を与えたとされる二人の人物に焦点をあて、その思想をひもといてみたい。

第3章　「美しい住まい」の提案
――カール・ラーションとエレン・ケイ

スンドボーンを訪ねる

　ダーラナ地方の中心であるファールン市は、ストックホルム中央駅から北西に向かう特急列車で三時間弱の所にある。一三世紀から銅の採掘で栄えたファールンは、一七世紀頃にはスウェーデンの大都市の一つだったが、現在は人口四万人ほどの比較的小さな都市だ。かつて銅採掘がおこなわれた一帯は、「ファールンの大銅山地域」として二〇〇一年にユネスコ世界遺産に登録されている。

　このファールンの市街地から路線バスで二〇分ほど行くと、スンドボーンという村に着く。スーパーマーケットの前にあるバス停で地元の人々に交じって降車し、トフタン湖から流れる小川に沿って小道を歩いていくと、「カール・ラーション・ゴーデン（Carl Larsson-gården）」という小さな看板を掲げた敷地に突き当たる。

よく知られた観光地というわけではないが、夏の間は毎日数十人が訪れる場所だ。ここに、スウェーデンの民族ロマン主義を代表する画家カール・ラーション（Carl Larsson, 1853～1919）がかつて家族とともに暮らした住まいが保存されているのである。

カール・ラーション・ゴーデンに保存されているのは、「リッラ・ヒュットネス（Lilla Hyttnäs）」と呼ばれる家である。一階にアトリエ、工房、居間、食堂、キッチン、浴室、使用人の部屋、二階には家族の寝室、書斎などがあり、一家族の住まいとしてはかなり大きな建物だ。

元々は妻カーリン（Karin Larsson, 1859～1928）の父が所有していた丸太造の小さな家だったが、一八八八年にラーション夫妻に贈与され、翌年の夏から、地元の職人の手を借りつつ、ラーション一家が自ら増改築を重ねた。元の状態と比べると部屋数は大幅に増え、内装も大きく変えられている。当初は夏の別荘として

カール・ラーション・ゴーデンの入り口

小道の脇にある観光客のための案内板

使用されていたが、一九〇一年に生活の拠点がストックホルムからここへ移され、ラーション夫妻と子どもたちが暮らすようになった。

この家の見どころはいくつもある。来訪者を最初に出迎えるのは、個性的な玄関の装飾だ。玄関扉の上部の壁には「ラーション夫妻の家へようこそ」という文字が掲げられ、その右手の壁には長女スサンヌ、長男ウルフ、次男ポントゥス、次女リスベットの顔が描かれている。室内の壁や扉などにも、家族の肖像や草花、風景などが多数描かれているが、すべてラーション自身の手によるものだ。

玄関ホールから正面のドアを入ると、オレンジ色に塗られた家具と緑色の壁のコントラストが印象的な食堂がある。鮮やかな色彩のタピストリーやクッション、テーブルクロスが、この部屋の雰囲気をさらに温かみのあるものにしている。家中のあらゆる場所で用いられているテキスタイル作品は、カーリンが自らデザインして製作したものだ。

食堂の右手のドアは、白と青を基調とした居間へと通じて

リッラ・ヒュットネスの外観

リッラ・ヒュットネスの玄関。側面の壁に子どもたちの似顔絵が描かれている

いる。食堂の素朴な家具や大胆な色づかいが昔ながらの農村文化を想起させるのに対して、居間のインテリアの軽快な明るさは近代の暮らしを象徴するかのようである。

　古い家具を受け継ぎながらも、暮らしやすさと美しさを追求した独自のデザインを取り入れたラーション家のインテリアは、当時としては非常に斬新なものだったが、現在の私たちにとっては、むしろなじみ深いといえるかもしれない。実のところ、いわゆる「北欧スタイル」は、ラーション家のインテリアを原形としているともいわれている。

　スウェーデンのデザイン史研究者であるサーラ・クリストッフェションによれば、ラーション家の住まいの様子はやがて「スウェーデンらしさ」を体現するものとみなされるようになり、さらに、スウェーデン発祥の家具販売会社イケアが標榜する「理想のスタイル」へとつながっていったという[1]。

　スンドボーンにあるラーション家の住まいは、素朴な自然美を思わせるモチーフや、昔ながらの手づくりの家具を、シンプルで軽快、かつ機能的な近代の日用品と組み合わせるスタイルの発信

オレンジ色と緑色のコントラストが印象的な食堂

白と青を基調とした明るい居間

地であったとみなされているのである。

カール・ラーションの作品と生活

カール・ラーションは、スウェーデンでもっとも人々に愛された画家であるといわれている。その理由の一つは、自らの住まいとそこでの家族の生活を生き生きと描いた画集にあるといってよい。

一八九九年に出版された水彩画集『ある住まい（*Ett hem*）』は大いに人気を博し、続いて一九〇二年には『ラーション一家（*Larssons*）』、一九〇六年には『スパードアルヴェット―私の小さな農場（*Spadarvet: mitt lilla bruk*）』、一九一〇年には『日の当たるほうへ（*Åt solsidan*）』といった画集が次々と出版された。これらに描かれた日常生活の様子、とりわけ素朴だが明るく温もりのあるインテリアが人々の関心を惹きつけ、ラーション邸は「理想の住まい」の典型として広く知られるようになったのである。

かれらが営んでいた暮らしはどのようなもので、なぜこれほどに支持されたのか。まずは、画家としてのラーションの歩みをたどってみることにしよう。

カール・ラーションは、ストックホルムの労働者の家庭に生まれた。貧困のなかで育ったが、小学校に通っていた頃に絵の才能を見いだされ、一三歳だった一八六六年に王立芸術アカデミーで学びはじめた。アカデミー時代は、新聞や雑誌のイラストで生計を立てていたようである。一八七六年に賞を獲得したことで留学の機会に恵まれ、一八七七年にパリに渡ったが、奨学金を獲得することはできず、経済的な苦しさから翌年帰国した。帰国後に作家アウグスト・ストリンドベリ（August Strindberg, 1849~1912）と知り合い、彼の作品の挿絵を手がけることになる。

イラストの仕事で資金を蓄えたのち、一八八〇年に再びパリに渡るが、作品はなかなか評価されず、心労と貧困から一八八二年には体調を崩してしまう。このとき、彼を心配した同郷の画家の誘いでパリ郊外のグレ＝シュール＝ロワン村を訪ねたことが、ラーションの画風が一変する契機となった。

この時期、グレの芸術家コロニーには北欧諸国の画家が数多く集まり、従来のアカデミックな技法ではなく、自然の光のもとで制作する外光派の技法の習得を目指していた。また、日常生活や自然の風景を描くリアリズムの手法も広まりつつあり、そのなかで、北欧の自然や文化を再評価する気運が高まっていたのである。

以前は暗い色彩のドラマティックな油彩画を主に描いていたラーションは、ここで水彩画を学び、日常のリアルな光景を明るい色彩で描くようになった。また、グレ滞在中の一八八三年に、同じくスウェーデンから絵画を学びに来ていた妻カーリンと結婚する。この頃から徐々にパリで作品が評価されるようになり、スウェーデン国内でも名前の知られる画家となっていった。

この時期、ほかのスウェーデン人画家たちも次々とパリで成功しており、自信をつけたかれらは、スウェーデンに帰国して美術界の刷新を目指す運動に身を投じていく。(*)この運動が、スウェーデンの美術界における民族ロマン主義の拠点となった。

一八八五年に帰国したラーションは、首都ストックホルムや第二の都市イェテボリを活動の拠点とし、多くの作品を創作した。一八九〇年代には公共建築の壁画をいくつか手がけた。スウェーデン国立美術館のフレスコ壁画は、この時期の彼の代表作の一つである。一九〇七年には、ストックホルム王立劇場の天井画も制作している。

史実や神話を題材とする壮大な壁画を制作しつつ、彼は家族の暮らしをモチーフとする水彩画も数多く描いた。リッラ・ヒュットネスでの暮らしを描くようになったのは一八九四年頃からで、国立美術館の壁画の制作時期とほぼ重なっている。

家族の暮らしの様子を描いた作品は一八九七年のストックホルム博覧会に出展され、大きな反響を呼んだ。それを受けて、二四点の水彩画と一五ページにわたる序文からなる画集『ある住ま

(*)一八八〇年代にエルンスト・ヨーセフソン（Ernst Josephson, 1851～1906）をリーダーとして、パリに留学した経験をもつ若手画家ら八五名が「反逆派（opponenterna）」を結成した。一八八五年三月に、王立芸術アカデミーに対し芸術家の養成や支援、展示会活動の改革を求める要望書を提出したが、王立芸術アカデミーはこれに応じず、反逆派は一八八六年に「芸術家同盟（Konstnärsförbundet）」（一九二〇年に解散）を設立し、独自の展覧会を開催するようになった。

い』が一八九九年に出版されることになったのだった。

彼がスンドボーンに移り住んだ理由は、この地に豊かな自然と伝統的な生活文化が残っていたことにあったという。『ある住まい』の序文には、都会の喧騒から離れたスンドボーンを初めて訪れたとき、かつてフランスの村で感じたような、言葉では言い尽くせない心地よさを経験した、と書かれている。

この建物を譲り受けたのちは、理想の家に造りかえようと、夏が来るたびに滞在して改築をすすめた。そして、一応の完成を見た時点で、そのプロセスを多くの人々に伝えたいと考えたのだという。[2]

『ある住まい』の序文には、次のような言葉がある。

> どのようにしてこの家を造りあげたかをお見せするのは、見栄を張るためではありません。私は実にうまいやり方でこれをやり遂げたと思っているので、自分の住まいを楽しい方法で整える必要を感じている多くの人々に、(ああ、あえてこれを言うべきか……)「お手本」として(……言ってしまった!)、き

カール・ラーション画集『ある住まい』(1899年)の表紙

改装前のリッラ・ヒュットネスの外観(『ある住まい』の序文に添えられた挿絵)

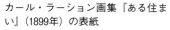

ーっと役に立つと思うのです。(3)

ラーションは、あまりお金をかけずとも、自分たちの手で快適な住まいを手に入れることができるということを、親しみのこもった文章を添えて多くの人々に伝えようとしたのだった。

加えて、序文では、古い絵画や手工芸に見られる民俗的な造形の美しさ、伝統行事や郷土料理、家族への愛情などについても語られている。美術界における民族ロマン主義の旗手の一人であったラーションは、この画集に、スウェーデンの伝統文化の価値をわかりやすく魅力的に伝える啓発的な意図も込めていた。

二四枚の水彩画からなるこの画集は、リッラ・ヒュットネスの近くを流れる小川を描いた作品からはじまる。続いて、水路に架けられた橋、動物たちがたむろする門、改装を終えたリッラ・ヒュットネスの外観を描いた作品が順に並べられている。

さらに、作品の舞台は愛犬が寝そべる外玄関、玄関ホールから食堂へと移っていく。食堂はラーション夫妻の思い入れがとくに強い場所であり、ゴシック風の窓や、扉の周りの独特の装飾、オレンジ色に塗られた家具などが細かく描き出されている。ラーション夫妻はこの食堂で、新聞を読んだり繕いものをしたりしながら夜の静かな時間を過ごした。

食堂のインテリアに見られる色づかいは、スウェーデンの農村で古くから用いられてきた伝統的なものだが、当時は、けばけばしく洗練さを欠くものと見られていた。ラーション夫妻は、伝統文化のエッセンスを独特のセンスで抽出し、魅力的なものに生まれ変わらせたといえる。

隣の居間には明るい色調の敷物が敷かれ、暖炉のそばの椅子には、食卓での態度を叱られ、お仕置きのために居間に追いやられた息子がきまりの悪そうな表情で腰かけている。ドアや壁の華やかで軽快な装飾が見事だが、庭を見渡す大きな窓と、窓辺に飾られた植物の数々、その周りに置かれた白い家具や青と白のストライプのソファカバーも目を引く。

窓辺では、娘が植物に水をやっている。長く暗い冬を耐え忍ぶスウェーデンの人々にとって、大きな窓から日光がふんだんに差し込む光景は、農村生活の寒々としたイメージを一変させる魅力を放っていたことだろう。

こぎれいに片づいた台所には、鉄製のかまどが据えつけられており、中央で娘たちが攪拌機を使ってバターをつくっている様子が描かれている。広々とした典型的な農家の台所だが、壁は明るい黄色に塗られ、雑然とした

「子どもたちが寝静まったあとで」（『ある住まい』25頁）

感じはまったくない。むしろ、作業をしている子どもたちの姿は生活のゆとりを感じさせる。夫妻のアトリエを描いた作品がこれに続く。

二階には家族の寝室がある。寝室の壁は白く塗られ、父親のベッドは赤、母親と子どもたちのベッドは緑色だ。壁に描かれたリボンや草花の模様が楽しい雰囲気をつくっている。この寝室では、子どもたちがにぎやかに着替えをしている様子が描かれている。

さらに舞台は庭へと移り、雪のなかで小さな娘がソリを押している様子、夏の水浴びやザリガニ捕りの様子、白樺の下で家族そろって朝食をとっている様子が描かれる。また、子どもたちが古い民俗衣装や草花の冠を身につけ、はしゃぎながら使用人のネーム・デイ（聖名祝日）を祝う場面もある。画集の最後のページは、スンドボーンの古い教会を描いた作品だ。

この画集を手にした人々は、昔ながらの農村の家屋が明るく色彩豊かなインテリアによって一新されていることに新鮮な心地よさを感じたことだろう。自然のなかで遊び、伝統的な季節行事を祝い、昔ながらの農作業にも勤しみながら暮らしを楽しんでいる家族の姿

「窓辺の花」（『ある住まい』27頁）

「居間でお仕置き」（『ある住まい』26頁）

は、かつての農村生活に付きものだった家父長制的な重苦しさを一切感じさせない。伝統的な生活文化に少し手を加えさえすれば、こんなにも快適な暮らしが手に入るのだ。

こうしたメッセージを視覚的に示したこの画集は、多くの人々から好意的に受け入れられた。発行部数の記録は残っていないが、一九一七年までに六版を重ねていることから、大いに人気を博したことがうかがえる。

のちに出版された他の画集も同じく好評で、やがてラーションの家はスウェーデンの人々にとっての「理想の住まい」の典型となっていくのだが、それを後押ししたのは、当時のスウェーデン社会における知識人や芸術家たちによる文化運動であった。

エレン・ケイの「社会美」思想

ラーション一家の暮らしぶりに魅了された同時代人の一人に、スウェーデンの代表的な教育思想家、エレン・ケイ（Ellen Key, 1849～1926）がいる。日本では、大正デモクラシー期の女性運動に影響を与えたフェミニストとして、また、児童中心主義の古典『児童の世紀』（一九〇〇年）の著者として知られているが、彼女は成人教育や環境美化などについても積極的に発言した社会批評家であった。

晩年は、美的感覚を育成することの重要性と、それが社会形成に及ぼす多大な影響について論じるようになり、民衆への芸術教育や手工芸の実践、景観保護などへの支援に尽力した人物である。

カール・ラーションとケイは一八八〇年代に知り合い、友人として親しい関係だった。(4) 後述するように、ケイは自身の著作でラーション一家の住まいを詳しく紹介している。ラーションと同じく、室内の光と色彩を重視していたケイは、ラーション家の家庭生活を絶賛していた。

大地主の家庭に生まれたケイは、幼い頃から家庭教師による教育を受け、多くの蔵書に囲まれて育った。地元であるスモーランド地方スンドホルムの農村に深い愛着を抱き、十代の頃にはスカンセンの創設者であるハセリウスの運動に共鳴して、彼のコレクションのために日用品の収集に取り組んでいたという。(5) また、貧しい農民の子どもたちの教育に関心を寄せ、当時はじまったばかりだった民衆大学運動(*)にものめり込んだ。

（*）農村の若者のための非正規の教育機関として、デンマークの思想家グルントヴィが構想したフォルケホイスコーレ（民衆大学）の開設を目指した運動。スウェーデンでは、一八六八年に最初の民衆大学が開校した。当時の農村には、初等教育機関である国民学校と、中等教育機関にあたる高等国民学校があったが、高等国民学校はほとんど普及しておらず、また教育内容にも明確な基準がなかったため、農村で暮らす若者が必要とする実務的知識や教養を教える場が各地で渇望されていた。エレン・ケイの父で国会議員を務めていたエーミル・ケイは、スウェーデン南部カルマル地方の民衆大学の設立に尽力した人物である。

エレン・ケイが講師を務めていたストックホルム労働者協会の講義室（上：1950年末）と建物外観（左下：1955年）。協会は1968年に活動を終えるまで、労働者向けの講座を開講し続けた

シーグリ・フリードマン(Sigrid Fridman, 1879～1963）によるエレン・ケイの彫像（1953年)。ストックホルム市内のエレン・ケイ公園（Ellen Keys park）に設置されている

一九歳の頃、父エーミル・ケイ（Emil Key, 1822~1892）が国会議員になると、ケイも父の秘書として首都ストックホルムに移り住み、ここでさまざまな講座や講演会、読書サロンに参加するようになる。このとき、リベラルな政治家や知識人たちと知り合い、やがてラーションをはじめとする民族ロマン主義の画家や作家たちとの交流もはじまった。

一八八〇年代の初頭からは、女子校の教師を務めながら労働者向けの教育活動にも携わり、一八八三年からはストックホルム労働者協会（Stockholms arbetareinstitut）で歴史の講義を担当するようになった。スウェーデンでは、一九世紀半ばに急増した都市の非熟練労働者が一八七〇年代から労働組合を組織するようになり、劣悪な環境からの脱却を求める運動を開始していた。ストックホルム労働者協会は、労働者が教養を身につけることを支援するために、知識人やリベラルな富裕層らによって一八八〇年に設立された教育機関である。

この仕事を通じて、当時のスウェーデン社会における労働者の生活環境が、ケイの関心を捉えることになった。一八八〇年代後半には社会民主主義運動のリーダーたちとも親交を深め、さまざまな社会問題をめぐる議論に参加しはじめる(*)。一八九〇年代初頭には、彼女はストックホルムの知識人界における中心人物と目されるようになっていた。

（*）一八八九年に社会民主党が発足した際には、のちに首相となるヤルマール・ブランティング（Karl Hjalmar Branting, 1860~1825）とともに党大会に出席し、女性の労働問題についての演説をおこなっている（Lane（2008）p.22）。

この時期のケイがとりわけ親しく交流していたのは、画家のハンナ・パウリ（Hanna Pauli, 1864~1940）とイェオリ・パウリ（Georg Pauli, 1855~1935）夫妻、同じく画家のエーヴァ・ボニエル（Eva Bonnier, 1857~1909）やリッカード・べリ（Richard Bergh, 1858~1919）らで、かれらは毎週のようにケイやパウリの自宅に集まり、政治や教育、哲学、宗教、芸術について語り合っていたという(*)。

とくによく議論されていたのは、スウェーデンの哲学者カール・アウグスト・エーレンスヴァルド（Carl August Ehrensvärd, 1745~1800）による美の思想についてであった(6)。人々の贅沢や虚栄を厳しく批判し、シンプルで機能的なもののなかに美を見いだすことを主張するエーレンスヴェルドの思想に、ケイと友人たちは深く共鳴していた。また、伝統的なヘムスロイドの復興運動にも関与し、イギリスで展開していたアーツ・アンド・クラフツ運動にも強い関心を寄せていた。

一八九〇年代に入るとケイは、シンプルで機能的なものに美を見いだす感性をいかにして育成するかという問題に注力するようになる。一八九一年に発表した論文「日常の美（*Vardagsskönhet*）」には、「人は毎日、美しい絵を見て、何かよい音楽を聴き、価値のある本を読み、善い行いを少なくとも一つはおこなうべきだ」というゲーテの言葉が引用されている(7)。

ただし、いつでも絵画を鑑賞したり音楽を聴いたりすることができる環境で暮らしているのは、ごく一部の人にすぎない。絵画や音楽に比べれば、本は比較的入手しやすいかもしれないが、多くの人はそれを読む時間がない。わずかな賃金で何とかやり繰りしながら暮らしている善良な人々にとって、それ以外にさらなる善行を積む余地は少ないだろう。そこでケイは、このゲーテの言葉を敷衍《ふえん》し、多くの人がこれを実践することができるように助言を添えている。

ケイがいうには、窓辺に飾られた花や植物、澄んだ瞳の子どもたち、生き生きと軽やかに働く若者たち、樹木に降り積もる白い雪や、日光を浴びる教会の塔など、絵画と同じように美しいものは家の中にも外にもたくさんある。農村に住んでいる人ならば、自然の色鮮やかな美しさをいつでも目にすることができ、森では鳥の声やミツバチの羽音を、湖では波打つ水の音を聞くことができる。誰もが、このようにして美を経験する機会をもっているのである。

また、本を読んで心が豊かになれば、その感動が表情にも現れ、人はより美しくなる。難しい本を読む代わりに植物の成長を観察したり、小説を読む代わりに身近な人に人生を語ってもらったり、お年寄りに生活の知恵を伝授してもらうのもよい。役に立つ知識や美しい詩は、本を読ま

（＊）ハンナ・パウリの油彩画「Vännerna（友人たち）」（一九〇〇年～一九〇七年、スウェーデン国立美術館所蔵）には、テーブルランプのそばに座るエレン・ケイが、一二人の友人たちに本を読みあげている様子が描かれている。この集まりには、エーヴァ・ボニエルの兄であったボニエル出版社のカール・オットー・ボニエル（Karl Otto Bonnier, 1856～1941）とその妻リーセン・ボニエル（Lisen Bonnier, 1861～1952）もしばしば参加していた。ボニエル社は、第1章で紹介したウプサラの学生団体ヴェルダンディが発行したブックレット・シリーズや、カール・ラーションの画集などを手がけていた出版社である（Lane (2008) p.29）。

ずとも発見できる。

さらに、家族や仕事仲間に思いやりをもって接し、互いに助け合うことで、生活はより豊かで美しいものになるとケイは主張した(8)。

ケイにとって美とは、農村で継承されてきた昔ながらの生活のなかにこそ見いだされるものだった。子どもの頃から自然の美を経験することで美の感覚が発達し、それによって人はより優しく、より働くようになる。そして、周りの人とより良い関係を築けるようになるはずだと彼女は考えたのである。

こうした考え方は、エーレンスヴァルドの思想を継承するものであるとともに、イギリスのアーツ・アンド・クラフツ運動に思想的基盤を提供したウィリアム・モリス（William Morris, 1834～1896）の思想とも近い。

モリスは田園地方の土着的な建築や職人の手による工芸の復興を試み、民衆的な使いやすい家具なども販売して、人々の日常生活を美しく豊かなものにすることを目指した人物である。一八六一年には、ロンドンに仲間たちと「モリス・マーシャル・フォークナー商会」（のちにモリスの単独経営となり「モリス商会」と改称）を設立し、そこを拠点として、中世風の美を追求したステンドグラスやテキスタイル、宮殿や博物館の内装などを手がけた。

その一方で、モリスは社会主義運動の活動家としても精力的に働いた。彼のこうした活動は、美的感覚に働きかけることによって道徳心や倫理観を育成することがよりよい社会の形成につながると主張したジョン・ラスキン（John Ruskin, 1819〜1900）の影響を強く受けていたとされる。

産業革命後のイギリス社会では、非熟練労働者による過酷な工場労働によって安価な商品が大量生産されるようになり、多くの人々は不安定な労働で手に入れたわずかな収入で質の劣る商品を購入するしかない状況にあった。そのなかで、ラスキンは労働から喜びが奪われてしまったことを批判し、「労働における人間の喜びの表現としての芸術」を主張していた。モリスはこうした思想を継承し、デザインを通じた生活環境の変革と、万人のための美的環境形成を目指したのである。(9)

デザイン運動に込められたモリスの理念は、一八七九年の講演「民衆の芸術（*The Art of the People*）」、および一八八〇年の論文「生活の美（*The Beauty of Life*）」にとくに明確に示されている。

講演「民衆の芸術」は、「われわれの多くは建築をこよなく愛し、美しいもののなかに住むことは身心の健康に役立つと信じているけれども、大都会のわれわれのほとんどが、今では醜さと不便との軽蔑をこめた通り言葉となってしまった家屋に住むことをよぎなくされている(10)」として、少数の特権者によって培われた排他的な「芸術」を批判するものだった。そして、「われわれが努力して求めている芸術は、すべての人があずかることができ、すべての人を向上させうる結構なものである(11)」と主張している。

彼の考える真の芸術とは、「労働の喜びの、人間による表現(12)」であり、そのような芸術が人々を向上させるとされた。さらに、論文「生活の美」では、住居の中から「厄介なぜいたく品」を取り払うことを提唱し、「役に立たないもの、美しいと思わないものを家に置いてはならない」[13]という格言を示した。

彼はまた、「文明化［知的文化的洗練］」とは、平和、秩序、自由、人々の親交が実現されること、真実を愛し、不正義を憎むようになること[14]」だと考えていた。そしてそれは、「快適な生活を手に入れること」で果たされる。無名の職人による手仕事から生み出される室内装飾、家具や日用品こそが「真の芸術」や「美しいもの」であり、そうした作品で構成された、質素ではあるが快適な住居で日々を暮らすことによって人々の意識が向上し、平和で公正な社会が実現されると彼は考えたのである。

ここでいう「人々の意識の向上」とは、民衆の美的感覚が涵養され、美しいもの（正義）を愛し、美しくないもの（不公正）を憎む感性が育まれることを指している。「平和で公正な社会」の実現を目指す思想においては、美とは豪華さではなく素朴さのなかに見いだされる。そうした美的感覚の育成が人間形成の目標として措定され、「真の芸術」によって構成された住居に暮らすことがそれを実現するための方法であるとされた。

手仕事の重要性を主張し、手工芸の復興を目指したラスキンの思想と、それを受け継ぎ、無名の職人による手仕事から生み出される美しい家具や日用品に囲まれて暮らすことで人々の意識が向上するとしたモリスの見解は、ケイの思想形成に大いに影響を与えたといわれている。ただし、こうしたかれらの思想をケイが知ったのは、「日常の美」を執筆したあとだったようだ。

ケイと友人たちは、一八九三年にイギリスで創刊されたアート雑誌『ザ・ステューディオ（*The Studio*）』を創刊号から購読しており、ほぼ同じ時期にラスキンとモリスの著作を読むようになったという。(*) ケイはすぐに自身の見解との共通点を見いだし、以後の著作ではたびたびこの二人に言及している。

すでに述べたように、ケイの関心は、個人の美的感覚の育成のみに留まるものではなかった。労働者教育に携わりながら社会問題への関心を深めていた彼女にとっては、ラスキンとモリスがさまざまな活動を通じて社会改良を目指していた点もきわめて重要だった。(**)

イギリスと同じく、当時のスウェーデンでも、都市部では工場での労働が創造の楽しみと切り離され、安直な娯楽によって社会道徳が堕落していくことが懸念されていた。また、労働者階級

(*)　スウェーデンにおけるエレン・ケイ研究の第一人者であるレングボルンは、ストックホルムの王立図書館の貸出簿の記録から、ケイがラスキンの著作を読んだのは一八九四年であったとしている（Lengborn (2002) s.39-40)。モリスは、この時期すでにスウェーデンでもデザイナーとして名前が知られており、ケイも展示会などで知ったものと思われる。

(**)　レングボルンは、「エレン・ケイは英独の芸術教育からも、スウェーデンおよび北欧の審美学の流れからも影響を受けた。もしも何が彼女にとって最も重要であったか判断を求めるならば、ラスキンが国際的レベルで疑いもなく最大かつ最も決定的な影響を与えた」と指摘している（レングボルン（一九七七＝一九八二）一六四頁）。

の人々の住環境は劣悪で、いまにも崩れそうな木造家屋の一部屋に、子だくさんの家族がひしめきあいながら暮らしていた。

ケイはこうした状況を憂い、人は調和のとれた美しい環境に身を置くことで「社会の醜いもの」を憎み、よりよい社会の実現に向けて行動するようになると考えるようになっていく。そして、そのための理想的な住環境をカール・ラーションの家庭に見いだし、これを称賛したのである。

理想の住まいのつくり方

ラーションの画集が人々に暮らし方のモデルを提供したものであったとすれば、ケイはその実現の仕方を具体的に教示することに尽力したといってよいだろう。彼女の著作には、美的感覚を育てるような「理想の住まい」をつくるための具体的なヒントが数多く示されている。

なかでも、一八九七年の論文「家庭の美（*Skönhet i hemmen*）」は、現代風にいうならばＤＩＹのマニュアルのような内容で、一般的な労働者家族がお金をかけずに美しいインテリアをつくり上げるために、具体的に何をしたらいいかを提案したものだ。

ケイがこの論文で強調しているのは、「自分なりの趣味」、つまり好みのテイストをもつことである。ほとんどの人は、この趣味を十分に発達させることができずにいる(15)。分厚いカーテンで窓を覆って光を遮り、美しくもなく機能的でもないものをあちこちに置き、けばけばしく雑然としたインテリアのなかで暮らしているのだ。これを克服するために、ケイは二つの道を示している。

一つは、製造業者が芸術家と連携して、家具、壁紙、テキスタイル、ガラス製品、陶磁器、金属製品などのあらゆる日用品を美しいデザインで大量に生産し、それを安価で販売することである。[16] この提案と同様のことは、二〇世紀前半のドイツにおいて、バウハウス(＊)のデザイナーらによって試みられた。ドイツではこれはなかなか実現に至らなかったのだが、スウェーデンでは、ケイの思想を受け継いだ人々によって比較的早い時期に現実のものとなっている。これについては、第5章で詳しく見ていこう。

ケイのもう一つの重要な提案は、「よい趣味」に近づくための具体的なアドバイスである。彼女によれば、そのポイントとなるのは、色彩や形状の選び方と自然素材の利用だ。形状はシンプルに、色彩は明るいものを選び、人工的な素材は避けるのが鉄則とされた。

たとえば、木製の家具は、凝った飾りを彫り込んだり暗い色で塗ったりせず、できるだけ自然の木目を活かし、過度な塗装は避けるほうがよい。他方、椅子などの小さな家具は、赤や緑や白など明るい色で塗って光沢を出すとよいアクセントになる。また、薄暗い屋根裏部屋に住んでい

(＊) 一九一九年にドイツ・ワイマールに設立された造形学校。工業社会に対応する造形文化の創造を目指すとともに、次世代育成のための教育理論を模索した。

る人は、窓からの光ができるだけ部屋に入り込むようにし、植物を置いたり壁に複製画を飾ったりすると快適で洗練された印象となる。

壁紙の選び方も重要で、とくにスウェーデンのように長く暗い冬を過ごさねばならない所では、派手で華やかな壁紙は気分を憂鬱にさせてしまうことがあるため、優しい色合いで軽快な柄ののものほうががよい。また、より安価な単色の壁紙もよいだろう。

論文「家庭の美」には、こういった調子で、床に敷くラグやカーテン、クッションなどの色や柄の組み合わせ、ソファの形状、家具の組み合わせ方などについてのアドバイスが細かく書き込まれている。(17)

ケイがいうには、重要なのは贅沢と美を混同しないことであり、こうした美の感覚を身につけることができれば実用性と美を調和させることは可能である。(18) 部屋の中に置かれているものは、すべて何らかの理由があってそこにある。そこに住む人にとって意味のあるものだけが置かれた部屋が、その人にとっての理想の住まいであるという考え方は、「役に立たないもの、美しいと思わないものを家に置いてはならない」というモリスの主張を彷彿させる。

さきほど見たとおり、モリスは家の中に置くものを厳選することによって知的文化的洗練が果たされると考えていたわけだが、ケイの思想にもこれと通じる部分がある。彼女はこの論文のなかで日光を取り入れることの重要性を繰り返し説いているが、光を取り入れて部屋を明るくすることは啓発（enlightenment）のメタファーでもあった。(19)

実用性と美とが調和した環境で暮らすことができれば、子どもたちには自ずと美の感覚が身につくだろう。大人たちも、住まいを整えるというクリエイティブな仕事から喜びを得ることができるし、安らげる空間で過ごすことによって、より寛大な心をもてるようになるはずだ。[20]このように考えていたケイにとって、ラーション家の住環境は、まさにお手本となるべきものであった。「家庭の美」において、ケイは「きわめて快適な住まい、その人らしさを感じさせるような住まいを見てみたいなら、ダーラナのスンドボーンにあるカール・ラーションの家を訪ねてみるとよい」[21]とはっきり述べている。[*]ラーション家の家具はどれもシンプルで、部屋ごとに異なる色彩はどれも明るく、家族が楽しんで暮らせるように工夫されている。シンプルであるがゆえに、誰もがこれを取り入れることができるのだ。

ケイはまた、ラーションと同じように、インテリアの実例をもって人々の美的感覚を啓発しようと試みたこともある。最初の試みは、一八九九年春にストックホルム労働者協会が開催したインテリア展覧会であった。この展覧会でケイは、親しい友人であった画家のリッカード・ベリらとともに、労働者向けの住宅のインテリアを考案している。

同年秋にも同様の展示会が開催されたが、このときのインテリア展示には、アーツ・アンド・

（＊）「家庭の美」におけるラーション家の描写は、初版でも言及はされていたものの、一九〇四年の第二版で大幅に追記されている（Lane (2008) p.26)。

ストランド荘への
アプローチ

ストランド荘の居間

湖上から見た
ストランド荘

クラフツ運動の影響がより強く表れていたという。秋の展示会には約五〇〇〇人の来訪者があり、その大部分は労働者であった[22]。この成功に勇気づけられたケイは、「日常の美」や「家庭の美」などの論文をまとめ直したブックレット『美をすべての人に（*Skönhet för alla*）』を一八九九年に出版することにしたのである[*]。

ケイ自身の理想の住まいは一九一〇年に実現した。スウェーデン中南部に位置するヴェッテルン湖のほとりにあるオムベリという村のはずれに建設されたこの家は、「エレン・ケイのストランド荘（Ellen Keys Strand）」と呼ばれている。彼女は亡くなるまでこの家で暮らした。ストランド荘の設計は、ケイ自身が細かく指定した仕様にもとづき、ケイの妹の夫であった建築家ユングヴェ・ラスムッセン（Yngve Rasmussen, 1860～1923）が手がけた。森や湖、農場に囲まれたこの家は、彼女が子どもの頃から愛してきた農村の暮らしに戻るための場所であり、自身が提案してきたインテリアのアイデアを実践する場所でもあった。

家の外観は、彼女が子ども時代を過ごしたスンドホルムの屋敷に似せて造られている。玄関はヴェッテルン湖に面しており、階段を下りればすぐに湖岸にたどりつける。一階には広い居間と食堂、キッチンがあり、二階には続き部屋になった書斎と主寝室のほか、客用の小さな寝室がい

（*）このブックレットは、第1章で紹介したウプサラの学生団体ヴェルダンディが発行していたもので、表紙の装丁はカール・ラーションが手掛けていた。

くつかある。

壁や建具、家具などは白や黄や緑、グレーがかった青などの色に塗られている。シンプルな木製の家具が置かれ、ファブリックには伝統的なモチーフの刺繍がほどこされているが、そのなかのいくつかはケイが自ら刺繍したものだ。晩年のケイは、この家で書き物をしながら過ごした。ストックホルムに住んでいた頃と同じく、多くの友人たちが頻繁に訪問していたという。

もちろん、一般の労働者が手に入れることができる住まいと比べると、ストランド荘はかなり贅沢な家であるといわざるを得ない。だが、この家には、労働者階級の人々に提供されるべき住環境の一つのモデルを提示しようとする意図もあったのではないかと思う。

ケイは、自分の死後、この家が労働者階級の女性が余暇を過ごすための施設として使用されることを望んでいた。静かな森のなかで自然の美を堪能する豊かな時間を、すべての人がもつべきだと考えていたのだろう。そしてそれは、徐々に現実のものとなった。現代のスウェーデンでは、水辺や森のなかにあるサマーハウスで読書をしたり、釣りをしたりしながらのんびりと過ごすことが、長い夏季休暇のごく一般的な過ごし方となっている。

現在のストランド荘は、女性研究者が集中して研究に取り組みたいときに利用できる短期滞在施設として運営されている。内部はケイが暮らしていた当時のままに保存されており、夏季には見学も可能となっている。(*)

社会美のための民衆教育

ケイが美的感覚の育成を重視していたのは、それがよりよい社会の実現につながると確信していたためだった。その思想の概要を改めて確認しておこう。

当時のスウェーデンでは、農村においても都市においても多くの人々が貧困に苦しんでいた。農村で職を失った農業労働者の多くが都市に移動し、劣悪な環境の工場で非熟練労働者として働くことを余儀なくされていた一方で、旧来の熟練労働者も、生産過程の近代化がすすむなかで生活様式の変容を迫られていた。かつて労働から得られていたはずの喜びは失われ、労働者たちの多くは、苦しさを紛らわせるために飲酒の習慣に依存するようになる。犯罪に手を染める者もあとを絶たず、都市の治安は悪化していた。

ケイは、一八九五年の著作『個人主義と社会主義（*Individualism och socialism*）』において、ラスキンを引用しながら、簡便で安価な製品は、たとえそれが美しく見えるものであってもき、っ

（＊）ただし、公共交通機関を使ってストランド荘に行くには、最寄りのエーデスヘーグ（Ödeshög）の町から一日に数本のみ出ている路線バスに乗り、ヘストホルメン（Hästholmen）のバス停を降りて三〇分以上歩かねばならないため、観光客が訪ねるのはやや難しい。それでも、夏になると国内外から訪問者が次々とやって来て、ケイが自ら整えたインテリアや、書斎に残された蔵書や手紙などを熱心に見学している。

ぱりと拒否すべきだと述べている。なぜなら、そのような簡便さの裏には、労働者が狭い路地にひしめく粗末な小屋で非人間的な困窮を強いられているという事実があるからだ。

労働が再び芸術と結びつき、美と喜びに満ちたものになること。そして、労働者が快適で美しい住まいをもち、健康な暮らしを送るようになること。この二つが実現すれば、社会は落ち着きを取り戻し、市場に流通する製品の品質も計り知れないほど増加するはずである。[23]それゆえに、美的感覚を育むための教育をすべての人に保障することが、彼女にとっては何よりも重要な課題であった。

ケイが『美をすべての人に』を出版したのは、高度な教育を受ける機会がなかった人々や、講座や講演会に足を運ぶ余裕がない人々を啓発するためだった。このブックレットは五〇エーレ(*)(〇・五クローナ)で販売され、第一次世界大戦開始までの間にスウェーデン国内で約二万部が売れたという。[24]当時のスウェーデンの人口が約五〇〇〇万人だったことを考えると、これは驚異的な数字である。

ケイの強い問題意識は、一九〇六年に出版された『民衆教育の仕事（*Folkbildningsarbetet*）』にも示されている。ここでいう民衆教育とは、一九世紀後半以降、労働運動や社会民主主義運動、宗教運動、禁酒運動などの諸団体によって実践されていた教育活動を指している。第1章で見た景観保存運動や青年運動による教育活動もこれに含まれる。(**)

ケイは、多様な団体がそれぞれの関心のもとで取り組んでいた民衆教育の運動を当初から熱心に支援していたが、やがて民衆教育のもっとも重要な任務は「社会美（samhällsskönhet）」を喚起することにあると考えるようになった。

人々の生活のあり方は一様ではなく、何を美しいとするか、何を価値あるものとするかも人それぞれだ。しかし、そこには何かしら共通する感覚があるはずで、それが互いへの共感をもたらす。社会の成員が共有するその感覚を、ケイは「社会美」と呼んだのである(25)。『民衆教育の仕事』で彼女が主張したのは、こうした「社会美」を育成するために、生活に根ざした学習の機会がさまざまに提供されねばならないということだった。民衆教育を通じて美的感覚が育まれれば、そこから困窮や泥酔、犯罪といった「社会の醜いもの」を憎む心が生まれ、他者への共感と思いやりにもとづく「よりよい社会」が実現するというのがケイの思考の道筋であった。

こうしたケイの思想は、次世代の建築家やデザイナーたちにもきわめて大きな影響を与えた。詳しくは第５章で見ていくことにするが、建築家のラグナル・エストベリやカール・ヴェストマ

（＊）　現在の価値に換算すると、日本円で三〇〇円ほど。

（＊＊）　民衆教育運動は二〇世紀前半を通じて規模を拡大し、多くの労働者や農民に学習機会を提供してきた。現在のスウェーデンは世界でもっとも成人学習人口が高い国の一つだが、一九六〇年代後半以降に整備された成人教育制度は、民衆教育運動における取り組みの一部を引き継いで成立したものでもある。

ン、美術史家のグレゴール・パウルソンらがケイの目指した社会改良を引き継ぎ、スウェーデンの都市空間の美化と近代化を推し進めていったのである。次章以降では、その経緯を順を追って確認していくことにしたい。

第４章 都市労働者の住環境
——世紀転換期のストックホルム

セーデルマルムの歴史

ストックホルムの旧市街（ガムラ・スタン）の南に位置するセーデルマルム島は、個性的なカフェや雑貨店などが集まる人気のエリアで、地元の若者たちでいつもにぎわっている。大小の公園や緑地、市民菜園、プールや競技場などがあり、住宅地としてもストックホルムで屈指の人気を誇る。また、アーティストやクリエイターたちの住まいやアトリエも多く、流行の最先端に触れることのできる街だ。

島の北側の断崖に沿って伸びる遊歩道は、対岸の旧市街《ガムラ・スタン》や市庁舎をのぞむ絶景スポットとして知られており、観光客は必ずといっていいほどこのセーデルマルムに立ち寄るが、この島がかつて労働者家族の集住する貧困地域であったことはあまり知られていない。

旧市街に隣接するこの島の北部には、一四世紀にマリア・マグダレーナ教会が設立された。島の大部分はその後も長らく牧草地や農地として利用されるのみだったが、一七世紀頃からは、市の人口増加にともなって、裕福な人々の邸宅や労働者用の簡素な木造住宅が建てられるようになり、南に向かって居住地が徐々に拡大した。その勢いは一九世紀後半に加速し、二〇世紀初頭には島のほぼ全域に人が住むようになった。

一八世紀以降は、大規模な工場もつくられた。メーラレン湖をのぞむ北岸に現在は会議場として利用されている巨大な建物があるが、これもかつての大工場の一つである。

一八世紀に建造されたこの工場は、当初は衣料品工場として用いられたが、一九世紀半ばに売却され、一八五七年に蒸気機関を用いた大規模なビール醸造所として操

現在のセーデルマルム中心部

業を開始した。当時人気のあったドイツ・バイエルン州産のビールにちなんで「ミュンヘン醸造所」と名付けられ、会議場となった現在でもこの名称で呼ばれている。

醸造所では、地方からストックホルムに流入してきた労働者が数多く雇われていた。重労働や雑用を担う労働者には、女性も少なくなかったという。

島の西部に位置するタント地区には、一八世紀から小規模な製糖工場やブレンビン（ジャガイモを原料とする蒸留酒）の蒸留所、衣料品工場などがあったが、一九世紀半ばに巨大な製糖工場が建造され、大規模な製糖を開始した。当時、最先端の近代的設備を備えたこの工場には、三〇〇人を超える労働者が雇用されていたという。工場の敷地内には一部の従業員用に宿舎が設けられていたが、一家族あたりの居住スペースは狭い一部屋のみで、キッチンは共用であった。

現在では、島全域に石造りの重厚な建物や近代的な集合住宅が建ち並んでいるが、一九二〇年代頃までは、労

20世紀初頭のセーデルマルム南部の労働者居住地区

働者向けの簡素な木造住宅があちこちに密集していた。その一部はスラムのような様相を呈していたという。

高所得者が多く暮らすようになった現在でも、セーデルマルムを「労働者の街」とみなす地元民は少なくない。労働者居住地区であった頃から続く住民たちの気取りのなさが、この地域の魅力だといわれる。島の北東部に残る古い木造家屋群は、そのシンボルのような存在だ。かつて労働者家族がひしめきあいながら暮らしていたその家々は、一七〜一八世紀に建てられたもので、天井は低く、部屋は狭小で壁は傾いているが、セーデルマルムの歴史を語る文化遺産として長年にわたって丁重に手入れされ、いまでも人が住んでいる。

ストックホルムの労働者居住地区

スウェーデンにおいて都市部への人口流入が加速したのは、一九世紀後半のことである。一八五〇年代は約一〇万人だった

セーデルマルム北東部に現存する18世紀の木造家屋。（右）メステル・ミカエルスガータン通り、（左）ローツガータン通り

1850-1930年のストックホルムの人口推移

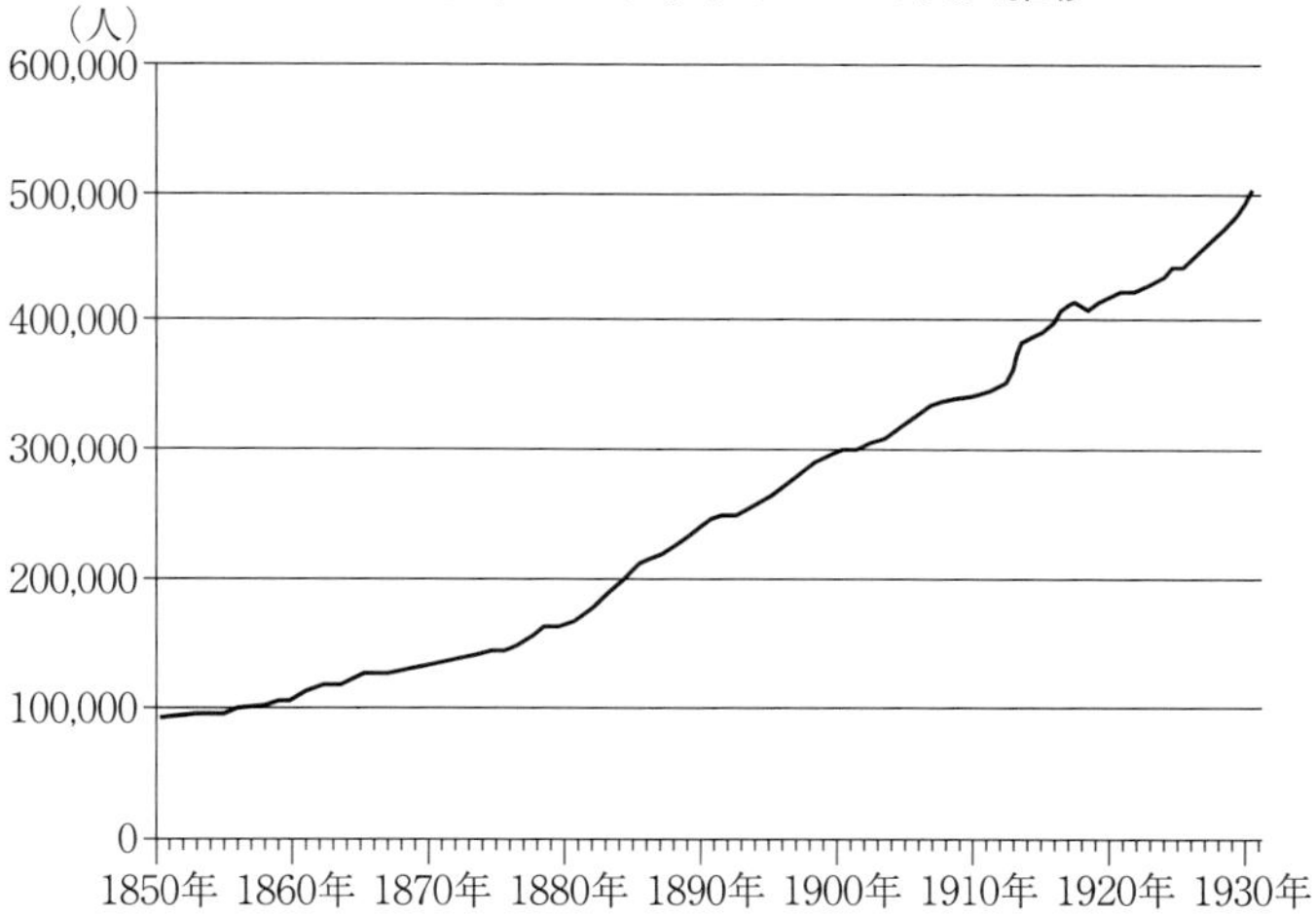

首都ストックホルムの人口は、一八八四年に二〇万人を超えた。

増え続ける労働者を収容するために、一八八〇年代には市内に労働者向けの簡素な集合住宅が多数造られたが、すぐに需要が供給を上回り、一八九〇年代後半には再び住宅不足が深刻化した。そして一九〇〇年には、人口は三〇万人に達した[1]。住宅は圧倒的に不足しており、多くの人々が狭く粗末な住居に大人数で暮らすことを余儀なくされていた。

当時のストックホルムにおいて、セーデルマルムと同様に労働者居住地区となっていたのは、中心部ノルマルムの北側の地域と西側のクングスホルメン島である。

ノルマルムの北に位置するシビリエン地区は、一九世紀半ば以降の人口増に対応するために、一八九〇年代に開発された地域である。このあたりは、現在はストックホルムの中心部に組み込まれているが、当時は建物がほとんどない閑散とした土地だった。表通りには中産階級向けの堅牢な住宅が建造されたが、中庭を挟んだ裏側には、上下水道などの整備も十分におこなわれないまま、労働者向けのアパートや平屋の住宅が建てられていった。こうした住宅に引っ越してきたのは、農村から出てきたばかりで住むところのない人々や、よりましな環境を求めて市内の他地域から移ってきた労働者家族であったという[2]。

この地域にかぎらず、当時の労働者向け住宅の多くは簡素なバラックで、間取りは狭く、設備も十分ではなかったうえに賃料は高かった。キッチンは、あったとしても間に合わせで造られたごく小さなもので、キッチンのない住まいでは、部屋の隅に置かれたストーブの周辺がキッチンの役目を果たしていた。水道や下水は整備されていないことが多かった。こうした住宅はのちに取り壊され、現在は近代的な集合住宅に建て替えられている。

ノルマルム北西のビルカ地区には、スウェーデンを代表する陶磁器メーカーのロールストランド（Rörstrand）社や、産業機械メーカーのアトラス（Atlas）社の工場があった。ロールストランド社は一七二〇年代からここに工場を構えていたが、一九世紀半ば以降に生産量が飛躍的に増大し、二〇世紀初頭には一〇〇〇名を超える従業員を抱えていた。また、ロールストランド社に隣接していたアトラス社の工場には、一八七三年の創業時、すでに約七〇〇名の従業員が雇用されていた。同社はその後急速な発展を遂げ、スウェーデンの産業をリードする大企業となっている。

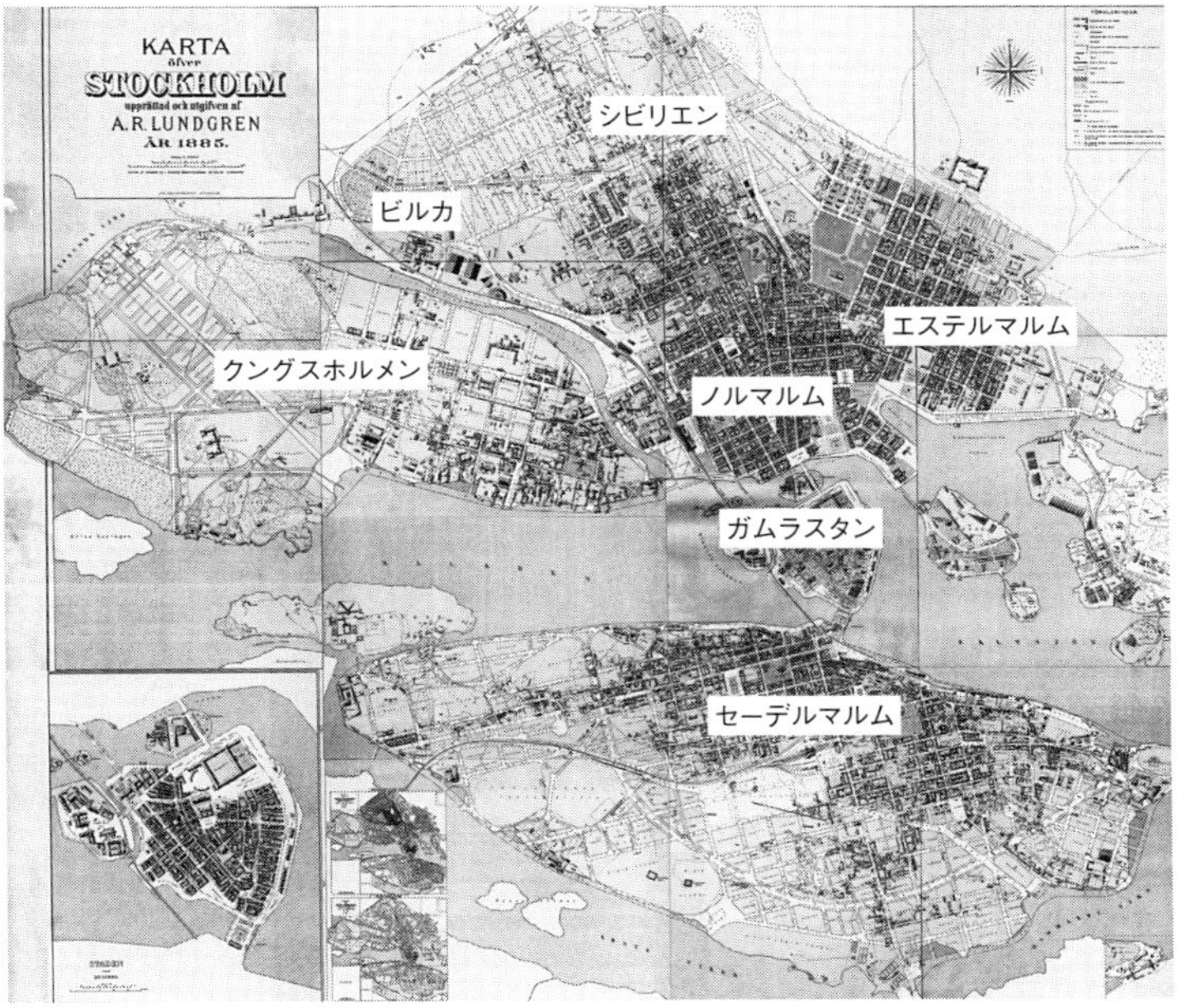

1885年のストックホルムの地図

20世紀初頭のシビリエン地区

現在のシビリエン地区

ビルカ地区の開発は、二〇世紀初頭に一気に進展した。一帯の土地の多くはロールストランド社の所有で、同社が社内に不動産事業部を設け、新しい建物の建設に取り組んだのである。石造りやレンガ造りの頑丈な建物が造られ、その多くは投機目的の買い手に売却されたが、このときに、ロールストランド社の従業員のための集合住宅も合わせて建設された(3)。

他の地区と同様、労働者家族向けの住宅はほとんどが二〇～三〇平方メートルほどのワンルームで、設備も最小限のものだったが、建物は頑丈に造られていた。そのため、ビルカ地区には当時の集合住宅のほとんどが現在も残っており、下町のレトロな雰囲気に魅力を感じる人々が好んで住んでいる。

かつて国王の所領であったクングスホルメン島は、狩猟地や農地として用いられていたが、一七世紀にストックホルム市に移譲されたことを契機に、東部に人が住むようになった。現在、島の東端には、ストックホルムのランドマークの一つである市庁舎がある。

市庁舎から島の内部に向かって伸びる道は「ハントヴェルカル

1902年のビルカ地区

現在のビルカ地区

ガータン」と呼ばれているが、この名称は、この一帯に多くの職人（hantverkare《ハントヴェルカレ》）が住み着いたことに由来する。当時、この通りの南側に手工業の工房が集まり、北側には貴族の邸宅や庭園が造られた。

すでに述べたように、ストックホルム市への人口流入は一九世紀半ばから住宅不足を引き起こしていたが、クングスホルメンにその波がやって来たのは一八八〇年代だった。一八六〇年に五〇〇〇人弱だった島の人口は、一九〇〇年には三万五〇〇〇人にまで増加している。すでに街ができあがっていた東部では、建物のあいだに残っていた隙間を埋めるようにして石造りの堅牢な集合住宅が建設されていった(4)。

一方、軍の宿営地や病院、織物工場、鋳物工場などが造られていた島の中南部は、その後も工業地帯として発展し、大勢の従業員を抱える工場のなかには、大規模な労働者住宅を建設するところもあった。これらの住宅はひととおりの設備を備えてはいたが、やはり間取りは狭

（右）1896年のハントヴェルカルガータン通り
（左）現在のハントヴェルカルガータン通りとストックホルム市庁舎

く、ほとんどが一部屋のみの簡素なものだった[5]。

島の北西側のスタッツハーゲン地区は、一九世紀末に至ってもほとんど開発されておらず、小高い丘の周りに森林が広がっていたが、一八九〇年代に入ると、住むところのない労働者や浮浪者がここに集まり、廃材やがらくたで建てた小屋に暮らすようになった。そうした人々のなかには、小さな子どもをもつ家族も少なくなかったという[6]。

これを見かねたストックホルム市当局は、かれらに住まいを提供するため、一八九七年にこの地域に簡易住宅を建設した。この地区にはその後も労働者向けの簡素な住宅が次々と建てられ、労働者のなかでもっとも苦しい状況に置かれた人々が暮らすエリアとなったが、のちに再開発がすすみ、現在では都心に近い人気の住宅地になっている。

スタッツハーゲン地区に建てられた小屋（1902年頃）

現在のスタッツハーゲン地区

労働者家族の住まい

ストックホルム市内に労働者家族向けの簡素な集合住宅が数多く建てられるようになった一八九〇年代から二〇世紀初頭は、カール・ラーションやエレン・ケイによる住まいの提案が注目を集めていた時期でもある。とくにケイは、都市部に暮らす労働者の住宅の改善に熱意を注いでいた。

すでに触れたとおり、当時の一般的な労働者家族が住んでいたのは、キッチンや水回りの設備も十分に整っていない一部屋のみの賃貸住宅である。住宅は常に不足しており、わずかなスペースしかない屋根裏部屋や四阿《あずまや》の類までが住居として貸し出されていた(7)。お金をかけず、手に入りやすいものを用いて部屋を整えることや、薄暗い屋根裏部屋を快適にする方法など、ケイが提案した労働者の住まいについてのアドバイスは、いずれもこうした状況をふまえてのものだった。

他の欧州諸国と同じく、スウェーデンでも都市部の労働者の暮らしぶりは悲惨だった。労働者居住地区は衛生状態も悪く、よどんだ雰囲気が地域全体を覆っていたという。その具体的な様相は、プロレタリア文学に詳しく描かれている。たとえば、スウェーデンのプロレタリア作家マルティン・コック（Martin Koch, 1882～1940）は、一九一二年に発表した小説『労働者たち―ある憎しみの物語（*Arbetare: en historia om hat*）』でストックホルムの労働者居住地区の様子を次のように描写している。

労働者たちが暮らす通りは、巨大な側溝に似ている。夏の暑さのせいですっかり干上がり、あらゆる汚物を壁にこびりつかせた排水溝だ。建物は見えるかぎり果てしなく広がり、かなたの靄と金色に光る塵雲のなかへと徐々に消えていく。どの建物も四階建てか五階建てで、地面からてっぺんまでそっくりな見た目をしている。

おそらく建物の所有者は、自分が芸術や建築にどれだけ通じているかをアピールしたくてたまらないのだろう。だから、バラックに安っぽい装飾品、偉大な人物の肖像画、無味乾燥で美しくもない花や動物の置物を飾り、外壁につまらない壁画を描いたりしているのだ。けれども、ほとんどの建物は見るからに貧困そのものである。

汚物のすべてが、悪臭を放つ苦悩のすべてがあけっぴろげにされている。貧困と無力さの、果てしない二つの列だ。まさに、汚染された空気に満ちた排水溝そのもので、地獄でさえもこれほどひどくはないだろう。そして空気には、吐き気を催すような、ほのかに甘い臭いが染みついている。発酵シロップのような、腐った藁のような、悪臭を放つ揚げ油のような甘い臭いが、通りに沿った何千もの家庭から漂ってくるのだ(8)。

さらに、著述家であったグスタフ・アフ・イェイイェシュタム（Gustaf af Geijerstam, 1858～

1909）が一八九〇年代初頭に実施した労働者の住宅状況調査の記録には、次のような記述もある。

もっとも状態の悪い建物の一つについて、ある暑い夏の日に私は気がついた。辻馬車でそこを通りすぎるだけであっても、その建物の近くにほんの少し留まるだけであっても、そのような貧しい者たちのバラック全体から漂ってくる、正体不明の臭いに気づくのだ。恐ろしいほどに不快な臭いだった。その臭いは、人々の住むバラックから欠乏と不幸の雰囲気とともにやって来て、基礎部分から屋根のてっぺんまで、その建物全体を満たしていた。こうした臭いは至る所に漂っている。ここに暮らす人々に共通すること、それは貧困だ。[9]

このような悪臭の原因の一つは、建物の造られ方にあった。部屋が狭く区切られていることによって風通しが悪くなっているうえに、キッチンや上下水など水回りの設備が十分に整っていないため、清潔な状態を保つことが難しいのだ。住宅不足が深刻だった当時、家主は建物の本来の収容能力を越えて部屋数を増やし、高い賃料をとって利益を得ていた。衛生や快適さはほとんど考慮されていなかったのである。

ある労働者の住まいを訪ねた際の様子を、イェイイェシュタムは次のように記録している。[10]このとき訪問することになっていた住宅は、建物の四階にあると聞いていた。建物の前に到着し、上方を見上げてみたが、三階建てにしか見えない。内部に入って三階まで階段を上ってみると、さらに屋根裏へと続く階段がある。四階というのは、どうやら屋根裏のことらしい。

屋根裏は薄暗く、床はレンガや石がむき出しになっていて、下の階の物音が響く。幅の狭い通路にはいくつものドアが並び、南京錠で施錠されていた。それを通り過ぎてすすんだ先に、さらに四戸のアパートが「キッチン付きのワンルーム」として貸し出されていた。

彼が訪問することになっていたのはこの部屋に住む新婚のカップルで、間もなく最初の子どもが生まれる予定であった。室内は清潔に整えられていたが、非常に狭く、当然ながら天井も低い。置かれている家具は、ベッドを兼ねた使い古しのソファと椅子が二脚、そして小さな戸棚だけだ。屋根に張り出した窓の部分だけは天井が若干高く、そこにテーブルが造りつけられている。外廊下の隅の薄暗い一画に、共用のキッチンらしきものがあった。風通しが悪いため、空気は淀んでいる。冬は凍えるほどの寒さに耐えねばならない。

当時、このような住まいで暮らさざるを得ない人々は決して少なくなかった。イェイイェシュタムはこの調査のなかで、ストックホルムの機械工場および綿紡績工場で働く労働者三〇〇人の住居や家計の状況を明らかにしている(11)。

その記録によると、機械工場の平均的な従業員の場合、月収の相場は八〇~一〇〇クローナ、三〇平方メートルほどのキッチン付きの一部屋のアパートを月額一五~二二クローナほどで借りていた。綿紡績工場従業員の月収は四〇~七〇クローナほどで、二〇平方メートルほどのキッチンなしワンルームのアパートに、月額一〇クローナ弱を支払っているケースが多かった。両親と子どもからなる三人家族の場合、一か月分の食費は約五〇クローナと記録されている。

中産階級向けの住宅と比べると、労働者向け住宅は一平方メートルあたりの賃料が割高であったうえに、建物の堅牢性の面でも著しく劣っていた。壁が薄く断熱性が低いために、冬季は暖房費がかさみ、それが家賃に上乗せされることになる。人々は燃料を節約し、寒い屋外で過ごすことも多かったという。

当時のストックホルムの労働者向け住宅は、他国の状況と比べても狭かった。一九世紀末のスウェーデンでは、新たに建築される労働者住宅のほとんどがワンルームだったが、デンマークの首都コペンハーゲンでは、すでに二部屋のアパートが主流になっており、イングランドやアメリカではさらに広かったとイェイイェシュタムは指摘している。

ストックホルムは家賃相場も高く、ワンルームのアパートの賃料はコペンハーゲンの同等の部屋の約二倍であった。家賃を払うことができない場合は容赦なく追い出され、家財道具は路上に打ち捨てられた。

高い家賃を賄うために、家族のほかに下宿人を置くことも多かった。一部屋しかない住まいは家族だけでもすでに手狭であったが、わずかでもスペースに余裕があれば、それを寝床として貸し出し、収入の足しにしたのである。

また、昼間の空いているベッドを、夜勤の労働者に貸すということも少なくなかったらしい。このような下宿（ベッド貸し）も賃料はさほど安くはなく、相場は月額五～一〇クローナほどだった。当時の若年労働者にとって、こうした住まい方はごく一般的なものであったという。

一九世紀末の住居のまた貸しや下宿の様相については、当時の新聞に掲載された記事に次のような描写がある。労働者の住まいがいかに過密であったかがよくわかる。

醸造所の従業員であるNの家族（夫婦と子ども三人）は、三部屋とキッチンからなるアパートを家主から借りており、そのうち一部屋を自分たちが使っている。キッチンは工場で働く女性三人に、二部屋は壁紙職人のLの家族（夫婦と子ども二人）に貸している。Lはそのうち一部屋を二人の鉄道労働者に貸しているが、かれらはさらにもう一人の労働者を住まわせ、彼は別の仲間一人に寝床を貸している。

これらに加えて、Nは一人、Lは三人の下宿人を置いている。キッチンを借りている女性のうちの一人には生まれたばかりの赤ん坊がおり、母親と二人の姉妹

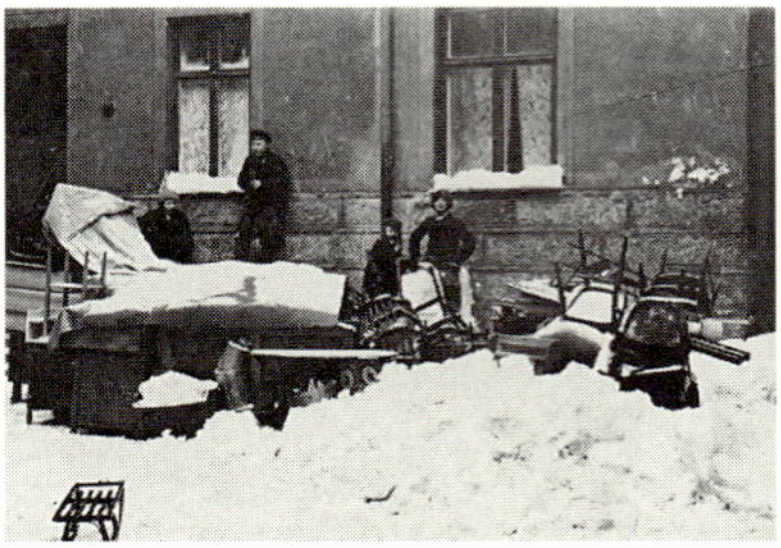

（左）路上にうち捨てられた家財道具（20世紀初頭）
（右）19世紀末の労働者住宅の過密状態

―もここで一緒に住んでいる。(12)

このような状況については、ストックホルム市当局も徐々に対策をとりはじめた。一八九七年に市の主導でおこなわれた調査(13)では、市内の全労働者の四分の一が下宿住まいであることや、キッチン付きワンルームに一〇名を超える人が住んでいるケースもあったことなどが判明している。

労働者住宅があまりに過密であること、自らの住まいを確保できない人々が少なくないことなどが公式に明らかになると、市当局は住むところのない人々のために簡易住宅を設置したり、労働者住宅の建設に追加予算を割り当てたり、労働者の持ち家を促進するなどの対策をとった。

しかし、これらは需要を満たすには及ばず、そもそも収入の少ない労働者には新築された住宅に移れるほどの財力がなかったこともあって、深刻な住宅不足は

ノルマルム北部、ヴァルハラヴェーゲン通りに造られた簡易住宅（1908年）

なかなか解消されなかった。こうした状況については、第6章で改めて詳しく見ていくことにする。

住宅管理と人づくり

都市労働者の劣悪な住環境の改善に向けて、市当局は対策をとってはいたものの、成果はなかなか上がらなかった。むしろ、この時期の動きとして注目すべきは、相互扶助や福祉事業に取り組んでいた民間団体である。とくにストックホルムでは、深刻化する住宅不足に対処する民間主導の取り組みがいくつも開始されていた。

その最初の例は、一八七三年に協同組合として設立された「労働者住宅協会（Arbetarbostads-föreningen）」である。ここでは、労働者である会員が資金を拠出し、その資金で集合住宅を建設するというシステムが目指されていた(14)。

この協会自身は財政基盤が脆弱であったため長くは続かなかったが、こうした互助的な取り組みは徐々に広まり、一八八〇年代末には同種の団体がストックホルム市内に五〇ほど存在し、会員総数は約八〇〇〇人余りに上っていた。これらの団体によって四〇棟ほどの集合住宅が建設され、約一〇〇〇室のアパートが提供されていたという(15)。

また、労働者に安くて良質な住まいを提供することを目指す企業も現れた。その代表例が、一八九一年に設立された株式会社「ストックホルム労働者住宅（Stockholm arbetarehem）」だ。株式会社とはいっても、これは営利活動というよりは福祉事業に近く、設立を主導したのは国民学校の教師であったアグネス・ラーゲシュテット（Agnes Lagerstedt, 1850～1939）である。

彼女は、当時貧民層が集住していたエステルマルム地区のヘドヴィグ・エレオノーラ国民学校で教壇に立っていた。家庭で十分な世話を受けることができずにいる子どもたちに日々向きあうなかで、彼女は労働者家族の住環境の改善の必要性を痛感する。設備の不十分なアパートに大勢の下宿人とともに暮らすことが、衛生面でも倫理面でも子どもたちによくない影響を与えていると考えたのだ。

彼女がモデルとしたのは、ロンドンの社会改良家オクタヴィア・ヒル（Octavia Hill, 1838～1912）の福祉住宅事業である。投資を募って荒廃した住居を修繕し、適正な家賃で適正な人数を住まわせ、住民に規律正しい生活を求めるというヒルの手法は、行政や教会や富裕層がおこなう慈善事業を否定し、人々が自ら生活を改善する力を身につけることを目指すものだった⑯。ラーゲシュテットは、こうしたヒルの手法をストックホルムの貧困地区で実践しようと試みたのである。

彼女はまず、市が所有する集合住宅の管理人となり、自らもそこに住み込んで建物を清潔に保つとともに、下宿人を置くことを禁止する規則をつくるなどして住民の生活改善を促した。その後、理念に共鳴して集まった協力者とともに、株式会社「ストックホルム労働者住宅」を設立し、エステルマルム北部のシビレガータン通りとユングフルーガータン通りにそれぞれ二棟ずつ、合計四棟の労働者住宅を建設する。

いずれもファサードに赤レンガを使用したシンプルな五階建ての建物で、アパートの各戸には玄関ホール、クローゼット、白いタイルが貼られた円形の暖炉、小さいキッチン、水道と下水、外の冷気を用いた食糧庫などが設けられた。当時の労働者向け住宅としては最新の設備である。一八九七年の時点では合計で一四二戸のアパートがあり、独身者や子どものいる家族など約六六〇人が居住していた。

二つの通りは隣りあっており、それぞれの通りに面して建てられた棟は中庭を共有している。中庭には、住人の共同利用設備となる平屋の建物が造られ、洗濯室、乾燥室、バスルーム、そしてパン焼き用のオーブンが置かれた。

また、建物内の事柄については住人が協議して決定

シビレガータン通り50－52番地に残るストックホルム労働者住宅の建物

するというルールがつくられ、そのルールのもとで集会室と図書室が設けられた。集会室は、住人が集まって編み物や手工芸に勤しんだり、礼拝や日曜学校、講演会を開いたりするのに利用された。また、シビレガータン通りに面した建物の一階には、消費協同組合が運営する食料品店もあった。

この方式は成功例として注目を集め、一八九〇年代半ばには、クングスホルメンやセーデルマルムにも同様の住宅会社が設立されている(17)。

生活改善のための民間団体

住宅管理の試みは、労働者階級の人々の住まいを快適に整え、学習や娯楽の場をも提供することによって社会改良を目指そうとするものだったが、この時期には、同様の目的を掲げる運動がいくつも生じていた。

ストックホルム労働者住宅の図書室で読書をする子どもたち

その一つに、労働運動の規模拡大を背景としてすすめられていた図書館運動がある。

各教区には以前から教区図書館があり、国民学校内にも図書室はあったが、それらの蔵書は必ずしも労働者階級の人々の興味を引くものではなかった。労働組合運動が活発化するにつれて、労働者自身が図書館の設立に関心を寄せるようになり、各地で図書館設立の運動が起こったのである。図書館運動は、第3章で触れた民衆教育運動の一部とみなされている。

一八八〇年代には、こうしてつくられた図書館がストックホルム市内に一〇館余り存在し、大人から子どもまで、多くの人々がこれを利用していた。(18) また、「読書小屋」と呼ばれる小さな図書室が設置されている地区もあり、劣悪な住環境のなかで静穏な空間を求める地域住民の居場所となっていた。ある回想録には、その様子が次のように示されている。

私が最初に図書館とかかわったのは一八九五年頃、アドルフ・フレドリク教区の国民学校に通っていたときでした。学級担任の計らいで、学校に通う子どもたちはサルトメータルガータン通り二番地にある教会の図書館で本を借りてもよいことになったのです。そこは今ではABF（労働者教育連盟）のビルになっている所です。

私は、カールベリスヴェーゲン通り三四番地にあった学校からそこへ歩いて通っていました。一〇歳の少年だった私にとって、自ら図書館へ行って本を借りるのはとても楽しいことでした。家で宿題をする時間がなくなってしまうようなこともありました。どんな本を読んでいたかを

思い出そうとするのですが、記憶に残っているのはほんの数冊です。（略）

図書館の一つの形態として、街のあちこちに「読書小屋」と呼ばれるものが造られていました。私はノルトゥルスガータン通り七番地にできた読書小屋に頻繁に通いました。そこでは、わずかなお金を払えば、座って本を読んだり勉強したりできたのです。そうした読書小屋の管理や世話を誰がしていたのかはわかりません。読書小屋は、住居が狭かったり、環境がよくなかったりする多くの人たちにとっての避難所でもありました。

世紀の変わり目だった当時は、バーンフスガータン通りにあった「民衆の家」の中の労働運動図書館がよく利用

現在のABF本部ビル。サルトメータルガータン通りはこの建物の裏側にあり、正面はスヴェアヴェーゲン通りに面している。左に見える白い建物はアドルフ・フレドリク教会

ストックホルム市立図書館。ABFからスヴェアヴェーゲン通りを600mほど北上した所にある

されていました。（略）その頃、私の家族はヴァナディィスヴェーゲン通りに住んでいたのですが、隣人がその図書館で頻繁に本を借りていました。アウグスト・ブランシェが昔のストックホルムを描いた本が人気だったことを覚えています。隣人はそれを興味深そうに読んでいて、私は何度かそれを傍らで見せてもらったものでした。

当時は、教区図書館もまだありました。それがいつからあったのかは知りませんが、一九二〇年代までは存在していました。（略）いまでは、それらはみなスヴェアヴェーゲン通りの市立図書館に統合されていて、私はそこで本を借りています。[19]

また、二〇世紀に入ると、イングランド発祥の「セツルメント運動」がスウェーデンでも開始された。セツルメント運動は、階級間の格差や対立を埋め、労働者に教養を高める機会を提供することを目的とするもので、学生や知識人が貧困地域に移り住み、生活環境の向上に努めるとともに、衛生知識の普及や文化的環境の改善を目指して教育活動に取り組んだ。

スウェーデンでの導入において中心的役割を担ったのは、宗教家ナタナエル・ベスコヴ（Natanael Beskow, 1865～1953）と、作家のエッバ・パウリ（Ebba Pauli, 1873～1941）らである。ベスコヴは一八九八年にイングランドを訪問した際にセツルメント運動に触れ、スウェーデンでの導入を検討するようになったという。[20]「セツルメント」という言葉は、スウェーデン語では「ヘムゴード（Hemgård）」と意訳された。ヘムゴードとは、「我が家の庭」といったような意味である。

ベスコヴとパウリは、「さまざまな労働に携わる人々、さまざまな社会階層の人々が、対等な立場で出会い、互いの生活経験を分かちあう機会を提供すること」(21)を目指し、そのための場として、一九一二年、ビルカ地区にスウェーデン初のセツルメントハウス「ビルカゴーデン（Birkagården）」を設立する。運営資金は、ベスコヴの財力のある友人らの資金に頼っていた。

さきほど見たように、当時のビルカ地区は、陶磁器メーカーのロールストランド社、産業機械メーカーのアトラス社の工場で働く労働者が多く暮らす、市内屈指の貧困層集住地域だった。とくに女性労働者が多く、働きながら子どもを育てている母親も少なくなかった。

それゆえに、ビルカゴーデンでは当初から女性と子どもを対象とする活動に力が注がれていた。図書室や集会室が設置され、地域に暮らす女性労働者のためのイベントや各種講座が開催されたほか、労働者家庭の子どものための保育所が開設され、学齢期の子どもを対象とするさまざまな余暇活動もおこなわれた。こうした活動は、現在もなお活発だ。

一九一六年には、第二のヘムゴードとして、セーデルマルムに「セーデルゴーデン（Södergården）」が設立された。セーデルゴーデンの設立は、タバコ工場の人事コンサルタントとして雇われたヘッタ・スヴェンソン（Herta Svensson, 1886～1981）が、近隣の工場や市当局のほか、セーデルマルムに集合住宅の建設を予定していた住宅供給会社に呼びかけたことによって実現したものだ。建物はタバコ専売公社が提供したが、運営財源は近隣企業からの寄付金と市からの助成金によるものだった。ここでも、保育と女性労働者を対象とする各種講座が活動の中心だった。

やがて、全国各地に次々とへムゴードがつくられていったが、一九二〇年代までに設立されたへムゴードは、すべて女性労働者を主な対象としていた。

当時、労働者の生活は全般的に苦しかったが、とりわけ女性労働者の暮らしは厳しかった。現在の北欧諸国は女性の社会進出が進んでいることで知られているが、当時の女性の社会的地位は、現在とは比べようもないほど低かったのである。

スウェーデンで女性参政権が認められたのは一九一九年で、北欧諸国のなかではもっとも遅い。一八八四年に発足した「フレドリーカ・ブレーメル協会（Fredrika Bremerförbundet）」をはじめとする女性解放運動は少しずつ成果を上げていたが、一九二〇年頃まで女性の権利は実質的に大きく制限されていた。女性たちの苦しい生活環境を少しでも改善するために、へムゴードのような民間団体が力を尽くしていたのである。

ところで、一九〇六年にはエステルマルム地区に「へムゴーデ

セーデルゴーデン

ビルカゴーデン

ン（Hemgården）」という名の建物が造られたが、これはヘムゴードではなく、スウェーデン初のコレクティブ・ハウスである。炊事を共同化するためのセントラル・キッチンを組み込んだ、働く女性向けの集合住宅だ。こうしたコレクティブ・ハウスは、ヨーロッパでは一九〇三年にコペンハーゲンに建てられたのが最初であったとされている。ストックホルムのヘムゴーデンは、これに倣って造られたものだった(＊)。

そのほか、当時の女性労働者をめぐる取り組みとしては、一九〇五年にストックホルムに設立された消費協同組合「スヴェンスカ・ヘム（Svenska Hem）」も特筆すべき存在である。この組合は、食品への信頼性が低下し

（＊）この試みは資金繰りの困難のために一九一〇年代に頓挫したが、一九三〇年代半ばに、第5章で紹介する建築家スヴェン・マルケリウス、および第6章で紹介する児童心理学者アルヴァ・ミュルダールの主導によって、新たなコレクティブ・ハウスの建設がはじまった（Rudberg (2010) p.155）。

コレクティブ・ハウス「ヘムゴーデン」

つつあったなかで、安心できる商品を合理的な価格で提供することを目的として設立された。また、女性の経済的自立や社会的活動への参加を支援することも目指しており、主導者の一部は女性参政権運動ともかかわりをもっていた。

スヴェンスカ・ヘムの組合員は女性のみとされ、裕福でない人でも加入できるように、出資金の支払いは分割払いが認められていた。店舗で働く従業員やマネージャーも女性ばかりだった。従業員の給与は同一賃金の原則にもとづいて支払われたうえに、有給休暇や疾病基金が設けられ、従業員も組合員と同様に利益の分配を受けた。

女性たちのこうした試みは既存の販売業者や労働運動から警戒され、執拗な妨害を受けたという。卸売業者の多くはスヴェンスカ・ヘムに商品を提供することを拒否し、なんとか業者から協力を取り付けても、店舗への商品搬入を邪魔されるといったことが頻発していた。女性の社会参加に対する偏見が根強かったことに加えて、貧困層への慈善事業にかかわる中・上流階級の女性がこの運動を支持していたことも、労働者階級の男性たちの反発を招いたのである。(22)

しかしそれでも、スヴェンスカ・ヘムの店舗は繁盛した。設立から数年の間に、クングスホルメンやセーデルマルムをはじめ、市内の複数の場所に新たな店舗を開店させている。最盛期には組合員数が約三三〇〇人に達し、当時のスウェーデンにおける最大の消費協同組合となった。組合員には、エレン・ケイ、カーリン・ラーション、作家のセルマ・ラーゲルレーヴ（Selma Lagerlöf, 1858～1940）やアンナ・ブランティン（Anna Branting, 1855～1950）など、当時の著名な女性文化人が多数含まれていた。

店舗では食料品や総菜の販売が中心だったが、女性たちの家事の負担を減らすために掃除機の貸し出しもおこなわれていた。店内のインテリアも当時としては斬新で、壁は明るい色に塗られ、レジのそばには新鮮な花を生けた花瓶があり、順番を待つ客のための椅子が用意されるなど、細かな気配りが行き届いていたという。

さらに、簡単なレシピの配布、料理教室の開講、国内初の消費者雑誌の発行などもおこない、家事に関する本を集めた小規模な図書館を併設している店舗もあった。(*) こうした消費者教育の活動については、第7章でも改めて触れたい。

このように、二〇世紀初頭には、社会事業家や民間福祉団体などによる多様な活動が活発化していた。それらを結びつける役割を果たしていたのが、一九〇三年に設立された「ソーシャルワーク中央連盟（CSA）」である。

CSAは、主に都市部の社会問題、とりわけ労働者階級の人々が直面する生活課題の解決のため、さまざまな民間団体の協力体制を構築することを目指し、そのために社会問題全般に関する知識や情報の収集をおこなった。行政担当者や政治家にも積極的に働きかけ、当時の社会立法の

(*) スヴェンスカ・ヘムの活動については、Björk & Kaijser (2005) を参照。二〇一三年にスウェーデン・テレビ（SVT）で放送されたドラマ『フリーマン女史の闘い（Fröken Frimans krig）』は、この本にもとづいている。

スヴェンスカ・ヘムの店舗内の様子（上：1906年、下：1910−1922年）

ほとんどに関与したほか、一九一三年の社会庁の成立、一九二〇年の社会省の成立にも大きな影響力を発揮したと言われている。(＊) このＣＳＡの活動については、次章以降でもたびたび触れることになる。

　こうした動きと並行して、この時期には労働運動もその規模を急速に拡大していた。一八七九年にスウェーデン北部のスンズヴァルで生じた大規模な労働争議を契機として、各職種で労働組合の結成が相次ぎ、一八八九年にはこれらの労働運動を支持母体とする社会民主労働者党（社会民主党）が、一八九八年には労働組合全国組織（ＬＯ）が結成された。また、労働運動の活動の一環として、各地に消費協同組合も次々とつくられていた。それらの連合体として、一八九九年には消費協同組合連合（ＫＦ《コーエフ》）が設立されている。

　スウェーデンの福祉政策は、一九三二年に社会民主党が政権に就いたことによって本格的に始動したとみなされることが多いが、民間団体が連携して社会問題の解決を目指す動きはそれ以前からはじまっていた。本章でみたような労働者の生活改善を目指す各種の取り組みは、そのなかでも中心的位置を担っており、やがて福祉国家建設に向けた諸政策にさまざまにかかわっていくことになるのである。

（＊）石原俊時によれば、ＣＳＡは福祉を供給する民間団体同士の、あるいはそれらと福祉供給主体としての国家との協調を目指しており、普遍主義的社会福祉を目指す社会民主主義勢力とは異なる志向をもっていたという（石原（二〇一二）二六二～二六四頁）。

第５章　日常生活をより美しく——スウェーデン近代デザインの思想

民族ロマン主義と近代建築

クングスホルメン島の東端、メーラレン湖の水辺に建つストックホルム市庁舎は、毎年一二月一〇日にノーベル賞の記念晩餐会が開かれる場所として知られている。ラグナル・エストベリ（Ragnar Östberg, 1866～1945）の設計により一九〇四年から一九二三年にかけて建築されたもので、ストックホルムの観光名所の一つとなっている。

外観は、ヴェネツィアのデュカーレ宮殿およびサン・マルコ寺院の大鐘楼を模したといわれているが、外壁に使用されている濃赤色のレンガはいかにも北欧的だ。建物の内外にルネサンスやイスラーム建築からの影響が多く見られる一方で、ストックホルムの歴史を反映したモチーフも随所に用いられている。

ノーベル賞晩餐会の際にダンスホールとして用いられる「黄金の間」の正面の壁には、「メーラレン湖の女王」を描いた巨大なモザイク画があるほか、側面や天井にも、ストックホルムを象徴する聖人、ストックホルムの港や教会などが描き込まれている。市議会議場の天井や壁のデザインは、古代のヴァイキングを彷彿させる。ほかの部屋でも、壁画や天井画、窓や塔を飾る彫刻などに伝統的なモチーフが数多く使われている。

ストックホルム市庁舎が建てられた二〇世紀初頭は、建築の領域でも民族ロマン主義が台頭した時期だった。第1章で見たとおり、自国の伝統や民族性を重視しながら新たな社会秩序を模索しようとする民族ロマン主義は、スウェーデンでも一九世紀に大いに盛り上がったが、建築において民族ロマン主義が普及したのは二〇世紀に入ってか

ストックホルム市庁舎。右は市議会議場

らである。

その担い手の一人となったのがエストベリで、彼が設計した市庁舎はスウェーデンにおける民族ロマン主義建築の傑作といわれている。彼は水辺を舞台とするヨーロッパの古典建築の名作をモデルとして、それをストックホルムの象徴であるメーラレン湖に重ねあわせ、さらに自国の民族文化と融合させて壮大な市庁舎を造ったのである。

エストベリは王立工科大学と王立芸術アカデミーで建築を学んだのち、ハセリウスが開設した北欧博物館の設計を手がけたことで知られる建築家イーサク・クラーソン（Isak Gustav Clason, 1856~1930）のもとで一八九〇年代前半に修業を積んだ。この時期にダーラナ地方やウップランド地方などに視察に出かけたことで、スウェーデンの伝統的な建築への関心をもつようになったという[1]。また、一八九〇年代後半に奨学金を得て、イギリス、フランス、イタリア、ギリシャをめぐったことも、のちの彼の作品に多大な影響を及ぼした。

ストックホルム市庁舎には、こうした旅行で得たアイデアがふんだんに盛り込まれているわけだが、なかでも彼にもっとも影響を与えたのは、イギリスのアーツ・アンド・クラフツ運動とジョン・ラスキンの思想である。

ラスキンは職人の手仕事による中世的なものづくりの復権を目指し、建築においても芸術家と職人の協働を重視したが、エストベリも市庁舎の建設にあたってこれを実践しようと試み、建築作業に携わる大工や技術者だけでなく、画家や彫刻家、家具職人、テキスタイル作家らも含めた共同作業を指揮した。

のちにスウェーデン近代建築の出発点とみなされるようになったこの建物が、スロイドの伝統を重視し継承しようとするものであったことは、以後のスウェーデンの建築とデザインの展開においてきわめて重要な意味をもつことになった。手工業の熟練職人たちの工房が密集していた地区に隣接して市庁舎が建築されたことは、偶然かもしれないが、これを象徴しているようにも思われる。

また、外国のスタイルをまねるのではなく、地域に根差した技術や材料、意匠にこだわるという点は、同様にアーツ・アンド・クラフツ運動から多大な影響を受けたドイツの建築家ヘルマン・ムテジウス(*)（Hermann Muthesius, 1861～1927）の著作『イギリスの住宅（*Das englischer Haus*）』に学んだものであるという(2)。エストベリはムテジウスに倣い、スウェーデンの伝統的な建築と農民文化に根差した民族ロマン主義を自身の作風として採用したのだった。

ところでエストベリは、壮麗な公共建築のみを手がけていたわけではない。労働者の住まいの改善にも大きな関心を寄せており、同じく民族ロマン主義の建築家ラーシュ・ヴァルマン（Lars Israel Wahlman, 1870～1952）(**)とともに、一般の人々に住宅建設についてアドバイスをおこなう事業も手掛けていた。これは第6章で詳しく触れる「持ち家運動」を背景とするもので、一九世紀末の深刻な住宅不足のなか、郊外に小さな戸建て住宅をセルフビルドしようとする労働者を支援するものだった。

一九〇二年にはじまったこの事業は結局うまくはいかなかったが、その後、エストベリは別の手法で当初の目的を果たすことを試みる。一九〇五年に小冊子『ある住まい──その建物とインテリア（*Ett hem: dess byggnad och inredning*）』を出版し、一戸建て住宅の設計図や建設にあたっての助言、簡単な家具のつくり方などを紹介したのだ。彼はこの冊子を通じて、快適で使いやすい間取りの重要性と、手仕事の美や楽しさを啓発しようとしたのである。

カール・ラーションの画集と同じタイトルがつけられたこの冊子は、大いに人気を集めて版を重ね、ラーションの『ある住まい』（一八九九年）、エレン・ケイの『美をすべての人に』（一八九九年）とともに、労働者が理想とする住まいの具体的イメージの形成に大きく寄与したといわれている。ラーションとケイの関係については第3章で述べたとおりだが、建築家エストベリとこの二人とのかかわりも興味深い。

たとえば、エストベリの『ある住まい』はケイの『美をすべての人に』と同じく、ヴェルダンディ・ブックレットの一冊として出版されたが、エストベリはこの冊子のなかで、ケイのこの著作にも言及している。(3) また、ケイのほうでも、一九〇六年に出版された『民衆教育の仕事』にお

（＊）のちほど改めて触れるが、ムテジウスは一九〇七年に「ドイツ工作連盟」の設立に加わり、芸術と産業を結びつける運動を開始した人物でもある。

（＊＊）この活動には、建築家や芸術家が職人や労働者と協力することで、階級間の溝を埋めるという意図もあったという（Thörn（1997）s.179-180）。

いて、労働者が低コストで快適な住まいを手に入れることを支援するものとしてエストベリの活動を詳しく紹介している(4)。

さらに、『ある住まい』も『美をすべての人に』も、表紙の装丁を手がけたのはカール・ラーションであった。それぞれの立場から住まいと暮らしの改善を目指していたた画家ラーション、社会批評家ケイ、建築家エストベリらの主張が、互いに共鳴するものであったことがうかがえる。

エレン・ケイから影響を受けた建築家はエストベリのみではない。よく知られているのは、カール・ヴェストマン（Carl Westman, 1866～1936）である。彼もまたスウェーデンの民族ロマン主義を代表する建築家の一人で、スウェーデン医師会館（一九〇六年）やストックホルム裁判所（一九一五年）などを手がけた。イェテ

ヴェルダンディ・ブックレットから出版されたエレン・ケイ『美をすべての人に』（左）とラグナル・エストベリ『ある住まい』（右）

ボリで一九〇六年に開館したルスカ美術工芸博物館も彼の設計によるものである。

ヴェストマンは、一八九九年にケイが友人たちと企画した労働者住宅のインテリア展示会に、家具デザインの担当者として参加したことがある。(5) ヴェストマンをはじめとする建築家が良質なデザインの家具を手がけていることは、ケイの『民衆教育の仕事』のなかでも紹介された。(6)

ヴェストマンもまた、イギリスのアーツ・アンド・クラフツ運動から強い影響を受けている。一八九九年の展示会で「緑の部屋」と名付けられた部屋に配置された彼の家具は、スウェーデンの農村の伝統とイギリス風のスタイルを組み合わせたものだった。彼はこの時期から、個人の住宅や家具などを設計する仕事に熱心に取り組むようになったが、ケイと一緒に取り組んだ「緑の部屋」の仕事は、彼にとって重要な転機になったといわれている。(7)

第4章で見たとおり、この時期、労働者向け住宅の不足は深刻な社会問題となっており、エストベリやヴェストマンにかぎらず、若い世代の建築家たちの多くが労働者の生活環境の向上のために何ができるかを模索していた。エストベリ、ヴァルマン、ヴェストマンらは、そのなかで主導的役割を果たしたといえる。

そして、かれらの仕事は、北欧における近代建築の基礎を築いたとされるグンナル・アスプルンド（Gunnar Asplund, 1885～1940）らに受け継がれた。民族ロマン主義の建築家から教えを受けたアスプルンドは、やがて伝統に根ざしたスタイルと機能を重視するモダニズムとの橋渡し役を担うことになる。(*)

イェテボリ市のルスカ美術工芸博物館

ストックホルム市エステルマルム北西部に位置する住宅地。赤褐色のレンガ、マンサード屋根、細かい桟の入った窓などを特徴とする民族ロマン主義建築の集合住宅が立ち並んでいる

ストックホルム市クララ地区にあるスウェーデン医師会館の外観とファサードの装飾

北欧古典主義からモダニズムへ

アスプルンドは、若い頃に民族ロマン主義の建築家たちから直接の手ほどきを受けていた。一九〇五年に入学し建築を学んだ王立工科大学では、エストベリと親しかったヴァルマンが教鞭を執っていた。アスプルンドはヴァルマンを慕い、在学中から彼に住宅設計の仕事を任されていたという。

当時、建築家志望の学生は工科大学を卒業したのち、さらに王立芸術アカデミーで学ぶのが一般的だった。アスプルンドも、ヴァルマンの事務所で一年間働いたのち、一九一〇年に芸術アカデミーに進学する。しかし、教育内容への不満からすぐに退学し、仲間とともに「クララ・スクール（Klara skola）」と呼ばれる私設の学校を設立して、そこで技術を磨いた。

この学校には、エストベリ、ヴェストマンら当時の一流の建築家が講師として招聘され、学生たちは地方都市における集合住宅の設計などの課題に取り組んだ。クララ・スクールの活動は約

（＊）アスプルンドの影響力はスウェーデン国内に留まらず、フィンランドの巨匠といわれるアルヴァ・アアルト（Alvar Aalto, 1898～1976）や、建築やインテリア・デザイン全般で名声を博したデンマークのアルネ・ヤコブセン（Arne Jacobsen, 1902～1971）らもアスプルンドから強い影響を受けつつ、独自の道を切り開いて北欧モダニズムの可能性を広げた（伊藤（二〇〇四）一一九～一二二頁）。

七か月で幕を閉じたが、アスプルンドはとくにエストベリから多くを学んだという。

また、この時期のアスプルンドは、エストベリの師匠であったクラーソンの事務所でも仕事をしたり、ドイツに視察旅行に出かけたりもしている。とりわけ、一九一三年から一九一四年にかけての数か月をイタリアで過ごし、各都市でさまざまな建築を見学したことが、のちの発想の源になった(8)。民族ロマン主義や古典主義のスタイルを学んだアスプルンドは、やがて古いもののうちに見いだされる優美さ、伝統的なモチーフや自然環境との共存などを重視するようになる。

このことは、一九一四年から一九一五年にかけておこなわれたコンペで一等を獲得した「森の墓地(Skogskyrkogården)」の設計にも示されている。ストックホルム市の共同墓地である「森の墓地」は、クララ・スクールにも参加していたシーグルド・レーヴェレンツ(Sigurd Lewerentz, 1885~1975)との共同設計に

森の墓地の入り口から礼拝堂・火葬場へと向かう道

よるもので、二五年間にわたって設計と建設がすすめられた。

この墓地は、敷地を覆う森のなかに建築を溶け込ませるように設計され、入り口から敷地内へと向かう動線、礼拝堂や火葬場といった建物の配置、それらの内部の設えなど、随所に死と向きあう人々の心理への徹底した配慮が見られる。人間の営みは圧倒的な自然のなかにあり、人間はやがてその自然のなかに帰っていく存在であるという世界観が織り込まれたこの作品は、建築史に残る傑作と評価され、一九九五年にユネスコの世界遺産に登録された。

他方で、アスプルンドは一九一七年頃に労働者向け住宅の設計も手がけている。これは、ストックホルム市が最貧困層の労働者向けに建設した臨時の簡易住宅で、セーデルマルム南部、現在はローセンルンド公園になっている地区に造られた。

応急処置的に造られた住宅ではあったが、いくつかの棟を曲線的に組み合わせた斬新な設計で、快適な暮らしが送れるようにさまざまな配慮が組み込まれた。各棟は室内に光が多く取り込めるように配置されており、周囲は緑地で囲まれ、牧歌的な雰囲気をもつ居心地のよい場所であったという。労働者に美しく快適な住まいを提供したいという当時の建築家たちの思いを、彼も共有していたのである。この建物は一九六〇年代に保存運動が起こったが、まもなく火災により大部分が焼失し、その後に取り壊された。

第4章で触れたストックホルム市立図書館（一九二八年）も、アスプルンドの代表作の一つである。

スウェーデンでは一九三〇年代に入ってすぐにモダニズム建築が開花したが、その前段階として、一九一〇年代半ばから一九二〇年代末にかけて「北欧古典主義」と呼ばれる様式が普及した。これは古典主義と機能主義が混じりあったようなスタイルで、装飾を抑えた質実な民族ロマン主義の様式に、より実用的で機能的な要素をつけ加えたものである。ストックホルム市立図書館は、この北欧古典主義の特徴がもっともよく表れた作品であるといわれている。ここで使用されている椅子などの家具も、アスプルンドがデザインしたものだ。

民族ロマン主義や北欧古典主義から出発したスウェーデンの近代建築は、伝統文化や自然とのつながりを重視するものだった。それがまもなくモダニズムと融合し、独自のスタイルが確立されるに至ったのだが、それが形を取りはじめたのは、一九三〇年にユールゴーデン島の対岸を会場として開催されたストックホル

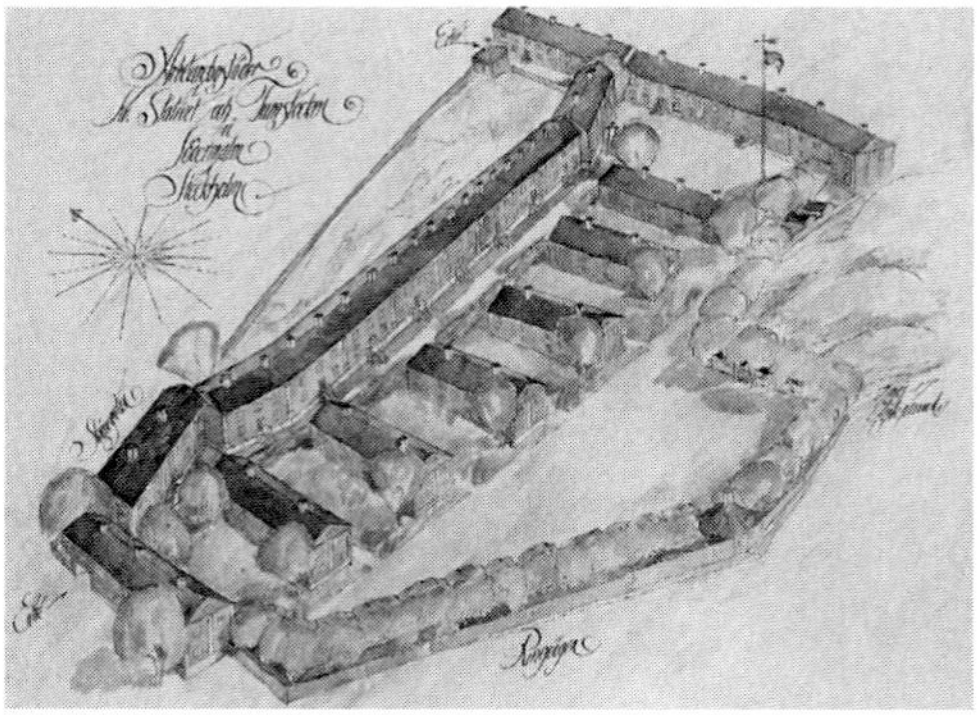

アスプルンドが設計したセーデルマルム南部の簡易住宅

ム博覧会である。この博覧会のために建設されたパビリオンは、どれも当時としてはきわめて奇抜なもので、徹底したモダニズムのスタイルであったが、その設計を監修したのもアスプルンドだった。

スロイド協会とストックホルム市が共同で企画したこのストックホルム博覧会の仕事にアスプルンドを誘ったのは、美術史家のグレゴール・パウルソン（Gregor Paulsson, 1889～1977）である。彼は、二〇世紀前半のスウェーデンのデザイン界に絶大な影響力をもっていた人物で、一九二〇年から一九三四年までスロイド協会の会長を務めていた。

かれらは一九三〇年のストックホルム博覧会で、何を目指したのだろうか。そしてそれは、どのような経緯を経てスウェーデン独自のモダニズムをつくりあげるに至ったのだろうか。ひとまず、当時のスロイド協会の状況とパウルソンの経歴から見ていくことにしよう。

ストックホルム市立図書館の内部

社会美と工業生産

第2章で見たように、一八八〇年代以降のスロイド協会では、国民の趣味を向上させることが活動の主たる目的となっていた。そのために、さまざまな団体や建築家、デザイナー、製造業者らと連携しながら、美しい製品を生産すること、それを消費者に伝えていくことが模索され、各地で展覧会が活発に開かれていた。

そのなかでとくに大きな成果を上げたのは、一九〇九年にストックホルムで開催された芸術工業展覧会である。この展覧会は、スロイド協会の機関誌の編集長で、とりわけ家具や日用品のデザインの改良に熱意を注いでいたエーリク・フォルケル（Erik Folcker, 1858~1926）が主導したものだった。

フォルケルはイギリスやドイツの手工芸の動向に精通し、一九〇七年にムテジウスらが設立したドイツ工作連盟に倣った活動を志向していた。ドイツ工作連盟は、アーツ・アンド・クラフツ運動に影響を受けて開始されたものではあったが、職人による手仕事を重視したアーツ・アンド・クラフツ運動とは異なり、工業化と規格化によって質のよい製品を大量に普及させることを目指した団体である。

職人の手仕事による製品は高品質ではあるものの、量産ができないうえに価格も高くなり、経済的に余裕のある人にしか購入できないという限界があった。これに対してドイツ工作連盟は、芸術と工業を結びつけ、芸術性の高い製品を大量生産することによって庶民の生活環境を改善しようとしていた。

一九〇九年のストックホルム芸術工業展覧会は、こうしたドイツ工作連盟の理念を意識して企画された。芸術家と製造業者との協力体制はまだできあがっていなかったが、伝統的な赤い色に塗られた労働者向けの簡素なコテージと、その室内に配置されたシンプルな家具や軽快なテキスタイルの展示は、スウェーデン的な美しさを十分に表現したものとして評価されたという(11)。

だが、続いて一九一四年にマルメで開催されたバルト諸国博覧会は、大失敗に終わった。ドイツ、ロシア、デンマークが参加したこの博覧会で、ヴァルマンやヴェストマンといった若い建築家によるインテリアの展示や、当時の最先端の建築模型などはまずますの評価を得たが、伝統的なデザインから脱し切れないスウェーデンの日用品はいかにも時代遅れで、大きく見劣りしたのである。とりわけ、グスタフスベリ（Gustavsberg）社やロールストランド社といった陶磁器メーカーの製品、そしてオレフォス（Orrefors）社などが出品したガラス製品は、スロイド協会内部からも酷評された。

この博覧会ののち、スロイド協会では、以後の方針をめぐって大きな議論が巻き起こることになった。スウェーデンの工業生産の質を向上させる必要があるのは明らかで、なかでも、古くからスウェーデンの産業を主導してきた陶磁器産業の競争力を高めることが大きな課題として認識された。これに対処するために、スロイド協会は同年、ドイツに倣って製造業者に芸術家を紹介する事業を新たに開始した。

だが、こうした方針については、伝統的な手工業やヘムスロイドを守るという当初からの任務を軽視することにつながるとして、強固な反対の声も上がった。その結果、協会の内部には深い対立が生まれ、そのために多くのメンバーが協会を去ることになったのである。

グレゴール・パウルソンがスロイド協会に入会したのは、こうした状況のなかで協会が分裂しつつあった一九一五年である。(12)当時、彼は、国立美術館でパートタイムの仕事をしながら博士論文を完成させたばかりだった。この博士論文について講演するために、一九一五年二月にスロイド協会に招かれたことが協会の活動に参加するきっかけとなった。

この講演でパウルソンは、新しい時代の技術は画期的な進歩を遂げており、昔ながらの美の概念は捨て去らなければならないと主張した。このとき彼はまだ二五歳の若さだったが、機械生産の時代にふさわしい新しい文化をつくっていこうという気概にあふれ、多くの人に強い印象を残したという。

すでにスロイド協会では、前年のマルメでの失敗を経て、伝統的な美の概念に固執することはリスクが大きいとみなす立場が優勢になっていた。そのなかで、パウルソンの主張は最後の一押しとなったのである。

ところで、パウルソンはかなり早い時期から社会主義に共感を寄せていた。一〇代の頃にエレン・ケイの『民衆教育の仕事』を読み、「美」が社会の改善において重要な役割を果たしうることに気づかされたのである。ケイはこの著作の序文で、当時深刻な社会問題となっていた飲酒の習慣の代わりに、美的感覚を涵養するための学習を精神の興奮剤とすることを呼びかけていた。(13)

当時、パウルソンは、禁酒運動に熱心に取り組む両親の影響で、中等学校の禁酒クラブで活動していたが、ケイの著作を読んでより幅広い社会問題に関心をもつようになった。やがて、労働運動に参加する若者たちと接触したことを契機として、社会主義思想に傾倒するようになる。

中等学校を卒業するとルンド大学に進学し、学生団体の活動に参加しながら経済学を専攻していたが、まもなく美学や文学により強く惹かれるようになり、ベルリンに留学して演劇や美術を学んだ。卒業後は、ドイツやイタリアに遊学したのち、ベルリンでフリーのジャーナリストとしてしばらく仕事をしていたが、ベルリン滞在中の一九一二年に書店でドイツ工作連盟の年報を手に入れ、そこに書かれていたドイツ的な「社会美（Sozial Ästhetik）」の概念を知ったことが人生の転機となった。

彼がドイツで知った社会美は、ケイが提起した社会美の思想とも重なるものだった。中世がそうであったように、生産活動が芸術を含むものであるならば、美は人々の日常生活に根づくはずであるとするこの概念は、芸術を工業生産と結びつけて社会と経済の発展に役立てようとするドイツ工作連盟の活動を支えるものでもあった。ドイツ工作連盟は社会主義的な志向をはっきりと示していたわけではなかったが、美しく良質な品をすべての人に提供したいという民主主義的な

理念に、パウルソンは魅了されたのである。(14)

ベルリンから帰国したパウルソンは、一九一二年秋に国立美術館の見習いとなり、一九一三年からは工芸部門でパートタイムのアシスタントとして働きながら、博士論文の執筆をすすめた。博士論文は、スウェーデン南部のスコーネ地方における装飾美術を事例として、ルネサンス期に外国からもたらされた影響が、やがて国内で独自の形態をとるに至った経緯を考察したものである。(15)

この博士論文において彼は、人々の趣味をめぐる問題にも触れている。スウェーデンは一六世紀に独立して以来、大陸諸国からさまざまな影響を受け続けてきた国であり、文化的な受容性がきわめて高い。そのため、スウェーデン人が好む伝統的なモチーフも、元をたどれば外国生まれであったりする。つまり、人々の趣味や好みは、政治や経済、社会の状況から影響を受けてつくられるものなのだ。

一九一五年二月にスロイド協会でおこなった講演での彼の主張は、博士論文におけるこうした考察にもとづくものだった。時代が移り変われば、人々の意識や好みもそれに応じて変化する。それに抗うのではなく、「新しい時代に適した新しい文化」を自らつくりあげていこうと彼は主張したのである。その際に彼が念頭においていたのは、いうまでもなくドイツ工作連盟の活動だった。

ただし、パウルソンがムテジウスやフォルケルルと異なっていたのは、社会主義に強い関心を寄せていた点である。ケイが美を社会改良に結びつけたのと同様に、パウルソンはデザインや建築が目指すべき方向性を、新しい社会のビジョンと明確に結びつけていた。このことが、一九三〇年代に政権に就いた社会民主党とスロイド協会との強いつながりを生み出すことになる。これについては第6章で詳しく見ることにしたい。

パウルソンは、スロイド協会の講演で鮮烈なデビューを飾った翌年、早くも理事に選出され、協会を主導する立場に立つことになった。その最初の舞台となったのは、一九一七年に開催された住宅展覧会である。ユールゴーデン島の西岸に建設されたばかりのリリエヴァルクス・ギャラリー（Liljevalchs konsthall）を会場として開催されたこの展覧会で、パウルソンは広報主任を務めることになった。

より美しい日用品

一九一七年の住宅展覧会のカタログには、次のような声明が掲載されている。

「スウェーデン・スロイド協会はこの展覧会を、量産に適した規格化された家具や、低価格でありながらも趣味のよい日用品の生産を推進するために企画しました」

この展覧会でスロイド協会がターゲットとしていたのは、労働者階級の人々である。著名な芸術家やデザイナーが、労働者向けのシンプルな家具や食器を手ごろな価格で提供するというのが、この展覧会のコンセプトだった[16]。

この展覧会は、ソーシャルワーク中央連盟（CSA）からの依頼に応じて企画された。第4章でも見たとおり、CSAは一九〇三年に設立された民間福祉団体で、当初から労働者の生活環境の改善に向けた活動をおこなっていたが、一九一〇年代半ばには都市部の住宅不足への対応もはじめていた。CSAからの要請は、労働者向けの小さなアパートに適した家具のコンペを実施し、応募作品の展示会をおこないたいというもので、スロイド協会はそれに応じたのである。予算は企業からの協賛金で賄われた。

会場となったリリエヴァルクス・ギャラリーでは、展示室の内部を二十余りのブースに分け、それぞれのブースに労働者向けのアパートの居室が展示された。どの部屋にも、実際に住宅で用いられる設備や家具が配置され、

リリエヴァルクス・ギャラリー

カーテンやラグ、クッションといったテキスタイル、戸棚に収められた食器や壁紙などの細部まで、労働者の生活に即したインテリアが設えられていた。

こうした居室の展示のなかでとくに注目を集めたのは、グンナル・アスプルンドによる「住まいのキッチン」と名付けられた部屋である。

すでに見たとおり、このときアスプルンドは、セーデルマルムの労働者向け簡易住宅を手がけていた。展覧会でも、彼はバラックのようなきわめて簡素な造りの住宅を想定し、そこに温かみのある居心地のよいインテリアを実現してみせた。それは、第４章で見たような当時の労働者の悲惨な住まいの実態とは比べようもないほど、機能的で快適な空間だった。

家具の展示のなかでは、当時まだ学生だったウーノ・オレーン（Uno Åhrén, 1897～1977）の作品が称賛を集めた。彼がデザインした家具は、直線的なフォルムが特徴的で、真っ白な塗装によってシンプルさが際立ってい

1917年の住宅展覧会で展示された「住まいのキッチン」

た。さらに、オレーンがデザインした壁紙も高い評価を得た。

また、家具職人のカール・マルムステン（Carl Malmsten, 1888～1972）は、マツ材のコンパクトな家具を出品した。オレーンの家具とは対照的に、赤く塗られた曲線的なもので、シンプルでありながらも伝統的な色や形を活かしたものだった。この作品も高く評価されている。

注目されたのはインテリアや家具だけではなかった。この展覧会をきっかけとして、食器のデザインも大きく刷新されたのである。そこで重要な役割を果たしたのは、一九一四年に開始されていた、製造業者に芸術家を紹介するというスロイド協会の新事業だった。

陶磁器メーカーのグスタフスベリ社は、一九一四年のバルト諸国博覧会で酷評されたあと、再生を期してスロイド協会の新しい方針に賛同し、芸術家を雇い入れることを決断していた。スロイド協会がグスタフスベリ社に紹介したのは、グラフィック・アートの若手作家で、当時はポスタ

マルムステンの家具（1917年住宅展覧会）

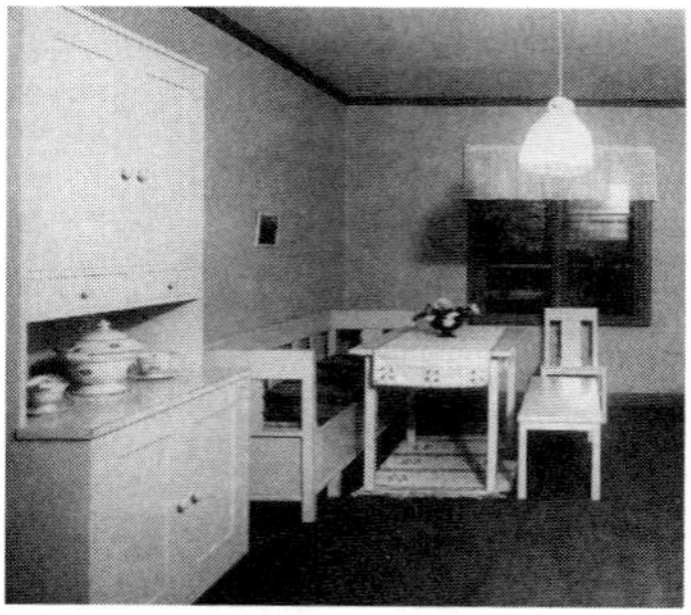
オレーンによるダイニングのインテリア（1917年住宅展覧会）

グスタフスベリ陶磁器工場で仕事をするヴィルヘルム・コーゲ（1938年）

国立美術館に展示されている「リリエブロー」

ーの製作を手掛けていたヴィルヘルム・コーゲ（Wilhelm Kåge, 1889〜1960）である。コーゲが製作した劇場や展示会などのポスターがスロイド協会の担当者の目に留まり、一九一七年の住宅展覧会に出品する新製品の開発に向けて適任者を探していたグスタフスベリ社の担当者に引き合わされたのだ。

グスタフスベリ社がコーゲを雇い入れたことは、スウェーデンの芸術工業が大きく発展する契機となったといわれている。それを端的に示しているのが、グスタフスベリ社が一九一七年の住宅展覧会に出品した「リリエブロー（Liljeblå）」だ。

これはコーゲが労働者家庭向けにデザインした食器シリーズで、当時流通していた食器とは異なり、図柄が大胆に単純化されている。素朴に描かれた花柄は、農村の伝統的な手描きの装飾を思わせる。

従来の食器は、熟練の絵付職人の技術を必要とする高価なものだったが、「リリエブロー」では転写プリントが用いられた。手描きの雰囲気を残すために、ニュアンスを変えて二重にプリントするという工夫もされている。

当時としてはきわめて野心的だったこの作品は、新しい技術とデザインを体現するものとして大いに注目された。のちにスウェーデンの近代デザインを象徴する作品とみなされるようになり、現在は国立美術館にも所蔵されている。

ガラス製品メーカーとして世界的に有名になったオレフォス社も、この時期に芸術家との協力を開始した。一九一六年に画家のシーモン・ガーテ（Simon Gate, 1883～1945）が、翌年には同じく画家のエドヴァルド・ハルド（Edward Hald, 1883～1980）が、オレフォス社にデザイナーとして雇用されたのである。二人ともガラス製品を手がけたことはなかったが、新しい技法の開発に精力的に取り組み、多くの名作を生み出した。

エドヴァルド・ハルドは、陶磁器メーカーのロールストランド社でも食器シリーズのデザインを手がけている。オレフォス社のライバルであったガラスメーカーのコスタ（Kosta）社には画家のエドヴィン・オッレシュ（Edvin Ollers, 1888～1959）が採用されたが、彼は自ら工業生産に関わることを希望し、スロイド協会に仲介を依頼したという。多くの場合、製造業者に雇用された芸術家には専用のスタジオが提供され、かれらはそこで自由に製作に取り組むことができた。

ところで、住宅展覧会が開催された一九一七年は第一次世界大戦（一九一四～一九一八年）の最中で、人々はインフレや物資の不足に苦しんでいた。第４章で見たとおり住宅不足は深刻で、労働者向けの住まいをテーマとして開催されたこの展覧会は、大きな期待をもって迎えられたという。

だが、二か月の開催期間中に延べ四万人が来場したものの、期待に反して、ターゲットとしていた労働者階級の人々の姿はほとんどなかった。入場料は五〇エーレで、牛乳一本と同程度の価格であったが、実際のところ労働者にはこうした場に足を運ぶ時間の余裕はなく、関心も薄かったのである。(17)

来場していたのは、比較的裕福な人ばかりだった。こうした人々は学歴も高く、近代的なデザインにも親和的であったため、展覧会で発表された新しいスタイルは人気を集めたという。

実のところ、ここで発表された製品はどれもさほど安価ではなく、労働者が購入を希望したとしても容易には手が届かないものだった。たとえば、コーゲの「リリエブロー」は、低価格を実現するためにデザインされていたにもかかわらず、グスタフスベリ社の既存の工場設備では生産できなかったために生産コストが高くつき、従来の食器シリーズの二倍近い価格にならざるを得なかった。

とはいっても、この住宅展覧会は、以後のスウェーデンの産業デザインを方向づける役割を果たしたといってよい。協賛金を拠出した企業は、安価で良質な製品を生み出すことに強い関心を寄せており、なかには従業員により良い住宅を提供することを検討しはじめたところもあった。また、芸術家たちも工業生産に興味をもつようになり、「芸術家と工業をつなぐ」という目的は、徐々に実現に近づいていくことになったのである。

加えて、この展覧会が、労働者向けの簡素な住まいに適したシンプルな家具や食器をテーマとするものであったことは、少なくとも二つの意味で重要であったといえる。

第一に、規格化された工業生産を前提としながらも、多くの人々に親しまれるデザインが目指されるなかで、そうしたデザインには、伝統的なヘムスロイドを感じさせる素朴な表現が適していることが認識されるようになったことである。

さらに、労働運動が勢力を増していた当時の社会において、デザイン界が労働者の生活環境の改善に積極的に関与する姿勢を明確に打ち出したことにも大きな意義があったといえる。福祉政策がまだ整っていなかったなかで、民間福祉団体とも連携してこの企画を実現させたことの社会的なインパクトは決して小さくなかった。

この展覧会で広報担当として活躍したパウルソンも、結果に手ごたえを感じていた。類似の展覧会が続けて企画されるなか、パウルソンはイェテボリで開催されたスウェーデン産業見本市に合わせて、一九一九年に『より美しい日用品（*Vackrare vardagsvara*）』という小冊子を発行している[18]。

この冊子には、一九一七年の住宅展覧会のコンセプトがわかりやすくまとめられていたが、実際には住宅展覧会の以前からパウルソンが温めていた構想を示したもので、住宅展覧会は彼の構想の最初の実践であったといってよい。多くの図版をもちいて平易に書かれたこの冊子には、なぜ新しいデザインが求められるのか、どのようなデザインがのぞましいのか、デザイナーや製造業者、小売業者にはいかなる意識改革が求められているの

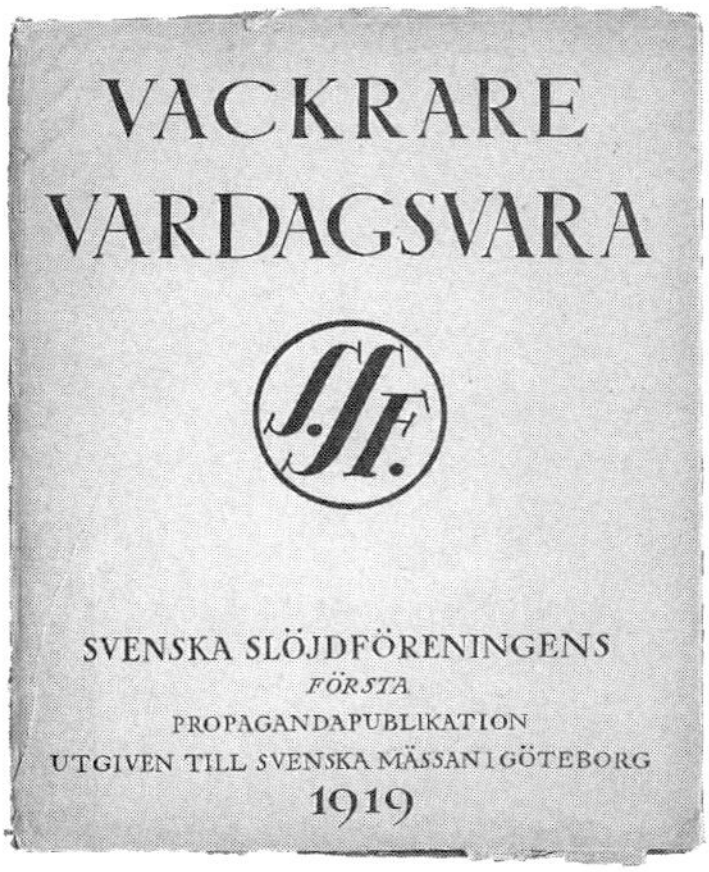

パウルソンの著書『より美しい日用品』

かといったことが、ポイントを絞って説得的に述べられている。

また、内容もさることながら、とりわけ秀逸なのはそのタイトルだ。「より美しい日用品」という表現自体に心を弾ませるような魅力があるが、そこに、巧妙に韻を踏む「ヴァックラレ・ヴァーダーグスヴァーラ《より美しい日用品》」という音の心地よさが加わり、多くの人の心を惹きつけた。

その後、スウェーデンのデザインは国際的にも評価を高めていった。なかでも、一九二五年のパリ万博に出品されたガラス製品は、スウェーデンのデザインが国際的に注目される最初のきっかけとなった。このパリ万博で、シーモン・ガーテやエドヴァルド・ハルドらのガラス製品が絶賛されたのである。

一九二〇年代に生み出されたこれらの作品に見られる独特の優雅さは、アスプルンドが設計したストックホルム市立図書館やイェテボリ裁判所の増築など、一九二〇年代の北欧古典主義建築にも共通するものとみなされ、のちにイギリスのジャーナリストであるモートン・シャンド（Philip Morton Shand, 1888～1960）によって「スウェディッシュ・グレイス」と名付けられることになった。

シーモン・ガーテの作品（1924年）

これ以降、伝統と近代性の絶妙なバランスのうえに成り立つ美しさが、スウェーデン・デザインの特徴として高く評価されるようになっていったのである。

人間味のあるモダニズム

スウェーデン・デザインの国際的な評価が高まるなかで開催された一九三〇年のストックホルム博覧会は、国内外の関係者を大きく驚かせるものだった。展示された製品のデザインが優れていたことに加えて、博覧会のために設計された建築群があまりにも奇抜なものだったからだ。会場となったユールゴーデン島対岸の一帯には、軽量鉄骨とガラスを用いた建物がずらりと並んだ。(19)最西端にあるエントランスを入ると、北側に展示ホールが建ち並ぶ。どの建物も一切の装飾を排したシンプルなもので、開口部が大きく取られ、明るく開放的な空間だった。ここに、企業や団体から出品された大量の新製品（テキスタイル、金属工芸、照明器具、壁紙、家具など）が展示された。

中央の広場を囲むように建てられたメインレストラン「パラダイス」は、内部に大きな吹き抜けが設けられ、広々としたフロアの全体が視界に入るだけでなく、広場に面した壁はほぼ全面がガラスで、テーブルからは花で飾られた広場が見渡せるようになっていた。

1897年に開催されたストックホルム博覧会。1930年とは建物の様式が全く異なる

1930年ストックホルム博覧会の会場

会場でもっとも目立った建造物は、広場の東側に立てられた鉄骨の広告塔である。高さ七四メートルのこの塔に、協賛企業のロゴがいくつも張りつけられた。

会場の東側の奥は、劇場、映画館、観覧車などがあるアミューズメント・エリアで、その南側の水辺に、新しい住宅のスタイルを提案する展示場があり、シーグルド・レーヴェレンツ、ウーノ・オレーン、スヴェン・マルケリウス（Sven Markelius, 1889～1972）といった当時の著名な建築家たちによる実験的なモデル住宅が展示された。

このエリアはさながら郊外の新興住宅地のような様相で、労働者家族のための小規模な戸建てが一〇棟とテラスハウスが二棟あり、消費協同組合による小さな食料品店の店舗もあった。これらは、当時奨励されていた持ち家取得を後押しすることを意図した低コスト住宅で、決して広くはないが、よく考えられた間取りと衛生的な設備、そして美しく整えられた内装や家具が多くの来場者の関心を惹きつけた。

アスプルンドの設計によるストックホルムホルム博覧会のメインレストラン

「祝祭広場」と名付けられた広場。手前にある音楽ステージに向かって椅子が並び、奥には巨大なレストランの建物と、高さ74m に及ぶ広告塔がある

会場内の空間設計や建造物はどれも機能主義に貫かれていたが、その雰囲気は決して無機質なものではなく、会場には祝祭的なムードがあふれていたという。全体に色とりどりの旗がはためき、飛行船が浮かび、広場や通路は花と緑で飾られた。音楽コンサートが開かれ、ホットドッグやアイスクリームを売るスタンドやカフェもにぎわった。

日が暮れると、各種の照明が会場内を照らし、サーチライトや打ち上げ花火が雰囲気を盛りあげた。広告塔のロゴが発する光は、数キロ先からもはっきり見えたといわれる。五月半ばから九月末までの開催期間中、来場者は約四〇〇万人に上った。

この博覧会によって、スウェーデンの機能主義建築は大きく躍進したといわれている。一九二〇年にスロイド協会の会長に就任していたパウルソンがこのような方針を採用したのは、一九二五年のパリ万博でウーノ・オレーンとともにル・コルビュジエ（Le Corbusier, 1887~1965）による「レスプリ・ヌーヴォー・パビリオン」を見て強く刺激を受けたことがきっかけだった(20)。

ストックホルム博覧会を開催することが一九二八年に決まり、

モデル住宅の展示。右はウーノ・オレーンが設計したテラスハウス

パウルソンがパビリオンをはじめとする建造物の設計責任者にアスプルンドを任命すると、二人はその準備のために、連れ立ってドイツやフランスに視察に出かけ、機能主義への理解を深めた。また、レーヴェレンツやオレーン、マルケリウスなど親しい建築家たちにも協力が求められた。

北欧古典主義の旗手とみなされていたアスプルンドが、なぜこれほどに様式の異なる仕事を手がけることを決意したのか、その理由ははっきりしない[21]。だが、彼がきわめて短期間でそのエッセンスを理解し、その手法を自在に使いこなしてレベルの高い作品を仕上げる能力をもっていたことはまちがいないだろう[22]。彼の仲間たちもまた、その手腕を遺憾なく発揮した。

ストックホルム博覧会の徹底した機能主義建築は、諸外国からも注目を集めた。一九二〇年代の北欧古典主義を「スウェディッシュ・グレイス」と名付けて称賛したイギリスのモートン・シャンドは、一九三〇年のストックホルム博覧会を特集した雑誌において、スウェーデンは「モダニズムの精神を見いだし、それを純粋な機械美によって表現することに成功した最高の代表者」であると絶賛している。

彼は、アスプルンドらによる建築群を「スウェディッシュ・グレイス」の復活とみなし、パビリオンの階段などにスウェーデンらしい魅力が存分に現れ、「簡素なな

ストックホルム博覧会のパンフレット

かにも優美さと上品さとを兼ね備えたさまはほとんど古典的」だと述べている。その評価がどれほど妥当であるかはともかく、この博覧会は諸外国の関係者から高く評価され、やがてスウェーデンは「モダニズムの精神を現実のものとすることができた唯一の国」として羨望の眼差しを集めることになった。(23) 長らくヨーロッパの後進国であったスウェーデンにとって、これは大きな自信につながった。

だが、その一方で、国内での評価は厳しかった。来場者のなかには、見たことのない建築群に面くらい、「ウサギ小屋」や「砂糖の木箱」といったネガティブな表現でそれを拒絶した人々もいた。ダーラナの景観保存運動を主導していた作家カール・エーリク・フォシュルンドや、美術批評家カール・ラウリン（Carl Gustaf Laurin, 1868～1940）らも、伝統的なスウェーデンの家庭には馴染まないとして、このスタイルに嫌悪感を示したという。(24)

さらに、スロイド協会の内部にも、こうした建築表現に不快さを感じ痛烈な批判を寄せる者が少なくなかった。その先頭に立ったのは、当時、北欧古典主義の代表者の一人とみなされるようになっていた家具デザイナー、カール・マルムステンである。

マルムステンは、博覧会の建築計画が明らかになった一九二九年の夏に、博覧会準備委員会に抗議の手紙を送っている。この手紙で彼は、機能主義建築はあまりに機械的で、スウェーデンの伝統的な家庭環境に反するものだと批判した。

彼の批判は、特定のスタイルのモデル住宅が展示されることに対して向けられていたが、それに加えて、会場全体のコンセプトが機能主義に偏っていることも問題視し、とくに、機能主義に徹底したこだわりを見せていたパウルソンを激しく攻撃した。機能主義を好む人々のニーズを満たすことに反対したわけではなかったが、すべてがそれ一辺倒になってしまうことをマルムステンは懸念したのである。

実際のところ、手仕事の伝統を保護・継承することを重視する立場と、産業の発展を目指して工業生産の技術を発展させようとする立場の対立は、スロイド協会の内部に以前から存在していた。また、ムテジウスらがドイツ工作連盟を発足させたのも、中世的な職人の手仕事を重視するイギリスのアーツ・アンド・クラフツ運動の停滞を反面教師としていたからにほかならない。職人や芸術家の仕事を守り、伝統に根ざした美しさをつくりだすことと、庶民にも購入可能な製品の大量量産とを両立させるのはきわめて困難で、こうした対立はスウェーデンのみに見られたものではなかった。

マルムステンの抗議に対してパウルソンらは、この博覧会は特定のスタイルに偏向すものではなく、どんな嗜好に対してもオープンな姿勢を保つと返答している(25)。だが、いくつかの新聞がそれをあおるような記事を掲載したこともあって、両者の対立は世間の注目を集め、「スロイド闘争」と名付けられるほどになった。この論争のなかで、機能主義を「フンキス（funkis）」、伝統主義を「トラディス（tradis）」と呼ぶ略語が定着した。

また、伝統をめぐる議論においては、「スウェーデン的なもの」とはそもそも何かという論点も注目された。

すでに見たとおり、パウルソンは外来の文化が徐々に自国のものとして認識されてきた歴史をふまえて、「伝統」にこだわらず新しい時代に適した文化をつくっていくことが大切だと考えていた。こうした考え方を、マルムステンは否定していたわけではない。彼にとって重要なのは、特定の趣味や嗜好が強制されることなく、選択肢が広く用意されていることだった。[26] 加えて、「スウェディッシュ・グレイス」が称賛を得ていた最中に、その栄光を捨て去るようなことを彼は看過することができなかったのである。

この論争は長く続いたが、最終的には、ストックホルム博覧会の翌年にスロイド協会の執行部が再編成されることで決着した。新たなメンバーには、引き続き会長を務めることになったパウルソン、アスプルンド、オレーンに加えて、かれらと激しく対立したマルムステン、および彼とともに博覧会に抗議したテキスタイル作家エルサ・グルベリ（Elsa Gullberg, 1886～1984）が選出されている。かれらの間には意見の相違はあったが、スウェーデンの芸術、手工業と産業を発展させていくという目標は共有されていた。

また、ストックホルム博覧会では奇抜な建築が注目を集めたものの、展示品のなかには、ヘムスロイドをはじめ伝統的な手仕事による製品も多く含まれていた。当初は参加を拒否していたマルムステンさえも、自身の作品を配置したインテリア展示をいくつか手がけている。出品された製品のなかで、開催期間中にもっとも売り上げが多かったのは、ダーラナ地方の特産品である木製の馬の置物「ダーラヘスト」であったことは、ヘムスロイドの人気がまったく衰えていなかったことを示している。[27]

結局のところ、なじみのない機能主義建築は、昔ながらの手工芸の美しさを継承する日用品の展示、そして華やかな祝祭ムードのなかで多くの人に受け入れられたといえる。これを機に、スウェーデンのモダニズムは、「スウェディッシュ・グレイス」を手放すことなく機能と合理性を追求するという姿勢を確立し、「人間味のあるモダニズム」として発展を遂げていくことになった。

ここで改めて確認しておきたいのは、パウルソンらが目指した新しいデザインは、一部の裕福な人々を念頭において追求されたものではなく、あくまでも、苦しい生活を余儀なくされている大多数の人々の生活環境の向上を目的とするものだったことである。そのためには、資本主義のもとでの自由競争や開発を抑制し、労働のあり方を変えていくような社会の抜本的な改革が必要だった。そして、その実現に向けては、人々の意識を喚起することが不可欠であるとみなされた。

博覧会が閉幕した翌年の一九三一年、パウルソン、アスプルンド、オレーンらは、モダニストの建築家たち総勢六名による共著『アクセプテーラ（*Acceptera*）』を出版した。[28]「受け入れよ」とダイレクトに呼びかけるそのタイトルは、スウェーデンの人々に向かって、新しい時代の現実を受け入れ、ともに新しい文化をつくっていくことを提案するものだった。そして、この提案はまもなく実を結ぶことになる。

次章で見ていくように、かれらの活動は、労働者の住宅不足の解消を目指して取り組みをすすめていたストックホルム市当局や民間福祉団体、住宅協同組合などの方針と合致し、ほどなく協力体制が築かれるに至った。たとえば、郊外に新たな住宅地を開発しようとしたストックホルム市は、博覧会の閉幕後、モダニズムの建築家に機能主義スタイルのテラスハウスや集合住宅の設計を依頼している。

さらに、かれらは労働組合運動を母体とする社会民主党とも親しかった。『アクセプテーラ』が社会民主党傘下の出版社から出版されたのは、その証左である。とりわけ、一九二五年から社会民主党の党首を務めていたペール・アルビン・ハンソン（Per Albin Hansson, 1885～1946）はかれらの理念に共鳴し、ストックホルム郊外に完成した機能主義住宅に家族とともに転居している。

一九三二年に政権に就いた社会民主党は、モダニストたちの提案を取り入れながら、住宅政策を精力的に推し進めていくことになる。次章では、この経緯について見ていくことにしよう。

第6章

「国民の家」の住宅政策
──住宅供給の理念とその背景

ヨーハンソン家のアパート

ヨーハンソン家は夫婦と子ども三人の五人家族で、スウェーデンのとある都市で暮らしている。最近、三階建ての新築賃貸アパートに引っ越してきたばかりだ。居間、寝室、ダイニングキッチン、バスルームからなる２ＤＫである。ここに越してくる以前は、一家は一部屋のみの窮屈なアパートで暮らしていた。

北部の農村出身のヒルダは専業主婦で、ここに越してきてから家事がぐんと楽になったことを喜んでいる。お湯の出る水道と専用のバスルームがあるだけでなく、共用廊下にはダスト・シュート（ゴミ捨て装置）まで備え付けられており、家庭ゴミはここに入れるだけで処理できるのだ。

時間に余裕ができたので、読書を存分に楽しめるようになったし、女性クラブの会合にも参加するようになった。

農村から都市に移住した両親のもとで育った夫イーヴァルは、金属工場に勤めており、労働組合の活動にも熱心に取り組んでいる。スポーツも好きで、とくにサッカーと陸上競技にのめりこんでいる。夏の間は、市民菜園で野菜の世話をして過ごすのも好きだ。

一六歳の長女グン゠ブリットは、まもなく高校に入学する。親戚のなかで、国民学校よりも上の学校に進学するのは彼女が初めてだ。休日はアルバイトにも精を出し、将来は看護師になりたいと思っている。次女のシーヴは生まれつき股関節と脊髄に障がいがあり、歩くのが難しい。普段は首都ストックホルムの肢体不自由児施設で暮らしていて、夏休みの間だけ家に帰ってくる。姉と同じく、高校に進みたいと思っている。

末っ子のアルネは六歳になったばかりの男の子だ。まだ学校には通っていないが、越してきたばかりのこのアパートには同じ年頃の子どもたちが何人もいるので、毎日いっしょに遊んでいる。教会の日曜学校にも通い、そこでいろいろな活動に参加している。

ヨーハンソン家は、一九四〇年代の典型的な都市労働者一家として描き出された架空の家族である。ユールゴーデン島の入口に位置する北欧博物館で、二〇一三年五月から二〇一八年一月まで、「国民の家のアパートメント一九四〇年代の住環境」と題する特別展示が開催された。この特別展の主人公として登場したのがヨーハンソン一家だ。

この特別展では、一九四〇年代に新築された労働者向けアパートの室内に、家具やテキスタイル、食器など、実際に使用されていた日用品が配置され、当時の家族の住まいがリアルに再現された。一家の暮らしぶりについては、北欧博物館のウェブサイトに詳しい解説が掲載された(1)。そこでは、一九四〇年代の一般的な労働者の住まいの内実が、次のように紹介されている。

アパートの玄関を入ると小さなホールがあり、いくつかの収納棚がつくり付けられている。ヨーハンソン家の以前の住居には収納がほとんどなく、大きな悩みの種だったが、このアパートの収納は、リネン用の戸棚、掃除用具入れ、衣類用のクローゼットなどが用途ごとに分けられ、とても実用的だ。

ホール左手のバスルームには、お湯の出る水道、トイレ、浴槽があり、これによって一家の生活の質は格段に向上した。もう中庭のトイレまで走っていく必要はないし、いつでも温かいシャワーを浴びることができる。ヨーハンソン家の人々にとっては、まるで夢のようなことだった。

寝室には、以前の住居から持ってきたベッドが二つある。大きいベッドは母のヒルダが、小さいベッドは末っ子のアルネが使っている。父のイーヴァルは、折りたたみのソファベッドを使う。毎朝たたむのは面倒だが、そうしないと寝室はベッドでいっぱいになってしまうのだ。その寝室には最新式の電動ミシンもあり、ヒルダはこれで家族の衣類をつくったり修繕したりする。安い買い物ではなかったが、十分に元はとれると思っている。

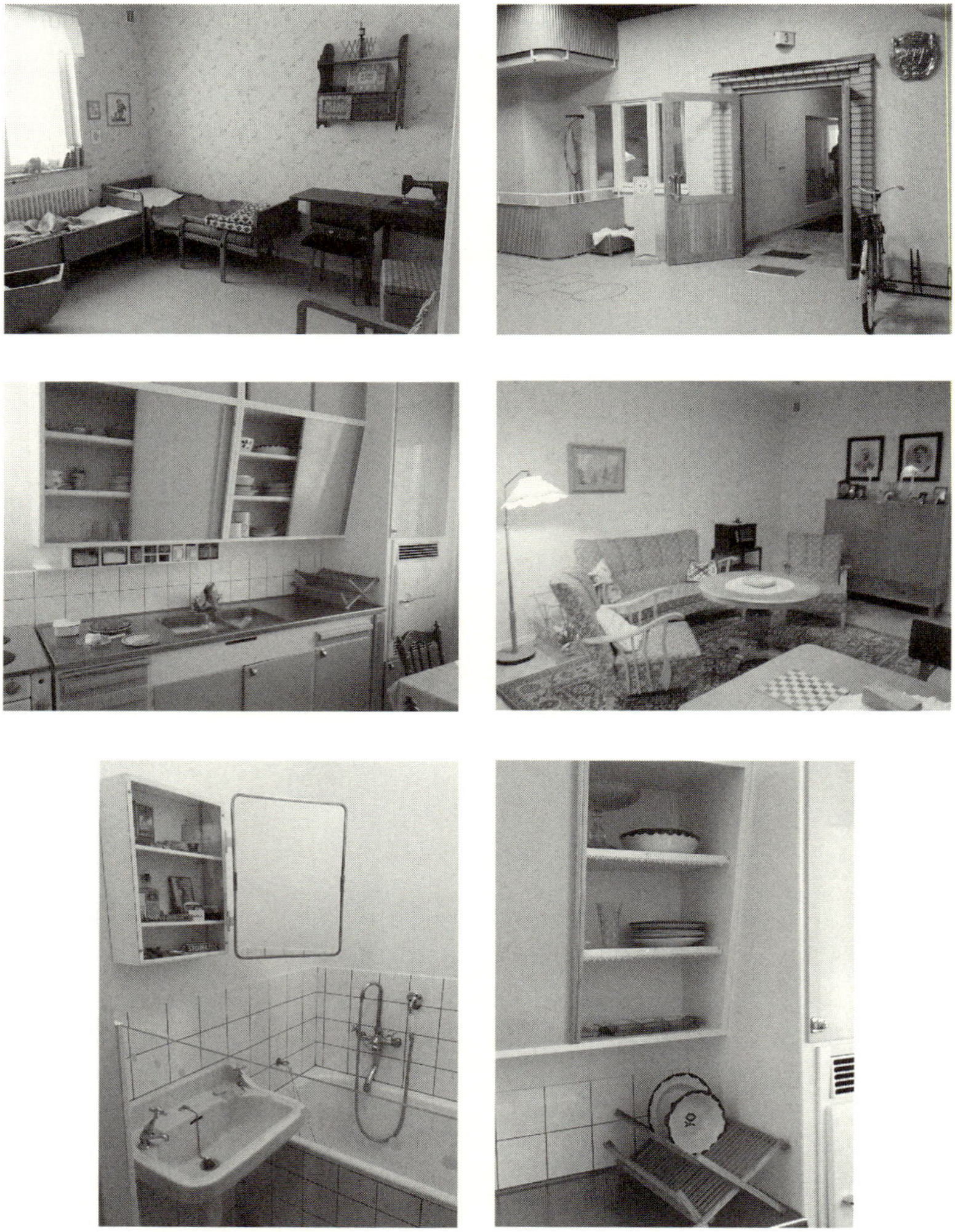

北欧博物館における「国民の家のアパートメント」の展示

キッチンは一家の中心だ。機能的なシステムキッチンが備え付けられ、上部の戸棚には食器類、調理台下の収納には鍋や調理器具が納められている。戸棚の中には、使い込まれたグラスやオーブン皿などとともに、ヴィルヘルム・コーゲが労働者家庭のためにデザインしたグスタフスベリ社の食器シリーズも並ぶ。また、上部戸棚の下にはスパイスラックがあり、透明なプラスチックケースに入った各種の調味料がすぐに手に取れるようになっている。

キッチンに置かれたテーブルと椅子は、ほかの家具と同じく前の住居から持ってきたものだ。子どもたちはこのテーブルで勉強し、母は手紙を書いたり、繕いものをしたりする。キッチンの長椅子は、夜には長女グン＝ブリットのベッドになる。次女シーヴが帰省したときは、この長椅子ベッドに姉妹二人が眠る。

このアパートには、もう一部屋、居間がある。一家にとって、ここは美しく整えるべき特別な空間だ。来客との食事に用いるダイニングテーブルとソファセットは、思い切って分割払いで新調した。長く大切に使うつもりなので、幼いアルネはこの部屋で遊ぶことを禁じられている。平日の夜や休日には、家族でソファに座り、ラジオから流れるニュースや音楽を聴きながら、くつろいだ時間を過ごす。

新生活への期待に満ちた核家族を描いたこの特別展は、「借家人住宅貯蓄協会（ＨＳＢ）」が管理する集合住宅が舞台となっている。アパートの入り口右上の目立つところに、ＨＳＢの青いエンブレムが掲げられているのはそのためだ。室内展示物の多くもＨＳＢが提供したものである。

一九四〇年代のこうした労働者の住環境を、第4章で見た二〇世紀初頭の都市労働者の暮らしぶりと比べてみると、両者の違いは歴然である。一九一〇年代から一九四〇年代にかけて、とくに都市部の住環境は大きく改善されたが、それはスウェーデンにおける福祉国家建設の初期の成果の一つといってよい。そのなかで、ＨＳＢは大きな役割を果たした。

住宅協同組合

スウェーデンの都市部では、一八七〇年代に労働者が資金を拠出して集合住宅を建設する取り組みがはじまり、以後、そのための民間組織がいくつも結成されてきた。その多くは、集まった資金をもとに不動産を買い取ったり新たに建設したりし、それを集合住宅として販売または賃貸するもので、住宅販売会社の一種といいうるものだったが、一九二三年にストックホルムで設立されたＨＳＢはそれらとは異なり、住宅供給のためにつくられた協同組合である。

ＨＳＢの活動はまもなく全国に広まり、翌一九二四年には各地につくられたＨＳＢを統括する全国組織が設立された。住宅問題に取り組む民間組織としては、現在でもスウェーデン最大の規模を誇り、全国に約五五万人の会員を擁している。

ＨＳＢの主な活動は、会員が拠出する会費によって集合住宅を建設し、その建物を適切に管理することだが、それに加えて、会員の住宅貯蓄の管理や住宅資金の貸付などもおこなっている。会員の八割がＨＳＢの建物に居住している居住会員だが、それ以外は貯蓄のために参加している貯蓄会員だ。

建物の所有権はＨＳＢにあり、居住会員はＨＳＢから所有権ではなく居住権を購入したうえで、会員として建物の管理責任の一端を負う。こうした協同組合的な居住権方式は、一九三〇年に制定された居住権法によって保護されている。

一九世紀末から住宅不足が続いてきたストックホルムでは、ＨＳＢに先立つ一九一六年に「ストックホルム住宅協同組合（ＳＫＢ）」が設立され、市の中心部に集合住宅を供給していた。ＳＫＢの設立を主導したのは、第４章・第５章でも触れたソーシャルワーク中央連盟（ＣＳＡ）である。

都市部の深刻な住宅不足は、ＣＳＡにとっても設立当初からの重要課題の一つであり、ＣＳＡでは労働者住宅の改善に向けて情報収集や啓発活動が活発におこなわれていた。第４章で紹介した「ストックホルム労働者住宅」などの住宅会社の取り組みを紹介する講演会や、写真、設計図、模型を用いて労働者住宅の改善を訴える展示会などを開催し、住宅問題についての世論喚起に努めるとともに、政治家や行政担当者への働きかけを

クングスホルメンにあるHSBのオフィス

続けていた。(2)(*)

当時、自治体は古い病院や映画館、工場跡、学校の校舎などに大量の簡易住宅を造って住宅不足に対応しようとしていたが、需要を満たすにはほど遠い状況だった。他方、投機目的で建築される民間の住宅はあまりに高額で、労働者階級の人々の手に届くものではなかった。

十分な広さをもち、必要な設備を備えた住宅を、労働者階級の人々が無理なく払える価格で提供するにはどうしたらよいのか。この課題に対する一つの回答が、会員が資金を拠出して住宅を所有し、共同で管理する協同組合方式だった。これを実践するために設立されたのがSKBである。

さらに、労働者階級の人々が住宅や居住権を入手できるようにするには、貯蓄のためのサポートも求められる。そこで、協同組合方式の住宅供給に住宅貯蓄を組み合わせたHSB方式が生み出されたのだ。

加えて、HSBの設立の背景には、一九一七年頃から借家人運動が活発化していたこともあった。一九一七年に制定された「賃貸契約法」により家主が家賃を値上げすることが容易になったことを受けて、全国各地で借家人組合が結成され、この法律の適用に対する反対運動が展開されていたのである。

各地の借家人組合は、一九二三年に全国組織を設立して横のつながりをもつようになった。この借家人組合全国組織が、住民自らの手で安価な集合住宅を建設するために、全国規模の組織としてHSBの設立を求めたのだった。(3)

機能主義住宅の普及

ＨＳＢが目指した住宅は、安価で機能的な集合住宅である。初期に建設された住宅の設計を多く担ったのは、建築家スヴェン・ヴァランデル（Sven Wallander, 1890～1968）だ。

彼は、一九二三年のストックホルムでのＨＳＢ設立、および翌年のＨＳＢ全国組織の設立を主導した人物であり、一九五八年までＨＳＢの設計部門の主任を務めた。家族の暮らし方や家事動線に配慮した設計をおこなう建築家で、快適さを失うことなく安価な住宅をつくるという課題に対してさまざまなアイデアを生み出した。彼のもとで、合理的に標準化された集合住宅が全国に次々と建設されるとともに、こうした住まいに必要な設備の開発も進んだ(4)。

たとえば、集合住宅の共用廊下にダスト・シュートを設けることを考案したのはヴァランデルで、これは一九三〇年代以降のＨＳＢ住宅の標準設備となり、やがて他国にも普及した。各戸に

（＊）ＣＳＡの中心メンバーとしてＳＫＢの設立を積極的に支持したユングヴェ・ラーション（Yngve Larsson, 1881～1977）は、当時、自治体連合の職員で、政府が住宅問題全般を検討するために一九一二年に設置した住宅委員会のメンバーでもあった。スロイド協会が一九一七年にリリエバルクスで開催した住宅展覧会では、彼が事務局長を務めている。一九二〇年代からはストックホルム市評議員や国会議員を歴任し、都市計画や住宅政策に携わった。

上下水道を整備するだけでなく、水道から直接お湯が出るようにすることも彼のこだわりだった。また、当時は贅沢品だったバスルームやシステムキッチン、冷蔵庫、共用の洗濯室なども標準設備となった。

ＨＳＢ住宅は、コストを削るために徹底して標準化をすすめ、専用の建築資材や設備、家具などを製造する工場も造られた。標準化されたＨＳＢ住宅が全国に次々と建てられていくにつれて、他の製造業者もＨＳＢ標準に適合する製品を生産するようになり、結果としてＨＳＢ住宅は、以後のスウェーデンの集合住宅の標準となっていったのである。

ＨＳＢ住宅の設計は、多くの人々の暮らし方にも影響を与えた。かつて労働者の家族は狭い一部屋にひしめきあって暮らし、家事も食事も睡眠もすべて同じ部屋でおこなわれていたが、ＨＳＢ住宅では暮らしを快適にするためにキッチンと寝室が明確に分けられ、さらに居間も設けられた。これにより、家庭における空間の使い方が大きく変わっていくことになる。冒頭で示したヨーハンソン家の暮らしぶりは、まさにこれを表すものである。

一九三〇年のストックホルム博覧会で開花したスウェーデンの機能主義は、ＨＳＢと建築家ヴァランデルによって、実際の労働者住宅に見事に適用された。一九三一年にセーデルマルム北西部マルモーン地区に完成した大規模なＨＳＢ住宅は、「フンキス（funkis）」と呼ばれる機能主義住宅の代表例といわれている。

さらにヴァランデルは、ＨＳＢ住宅で暮らす子どもたちに専用の遊び場を設計したほか、郊外の水辺に、ＨＳＢ住宅で暮らす家族が余暇を過ごせるレクリエーション施設も開設した。ストックホルムに設置された子どもの遊び場の一部は、保育所の機能も兼ね備えるようになり、専門の教育を受けたスタッフが子どもの面倒を見ていた。

ここで働く保育者の養成を初期に担当していたのは、のちに国連で要職を担い、ノーベル平和賞を受賞したアルヴァ・ミュルダール（Alva Myrdal, 1902～1986）である。心理学と家族社会学の専門家であった彼女は、公的な保育の必要性を主張していた。その最初の試みとして、ＨＳＢと協力して集合住宅における保育所の開設に取り組んだのである。

スウェーデンで公的な保育制度が導入されたのは一九四〇年代に入ってからだが、ミュルダールとＨＳＢの取り組みは、その先駆けであったといわれている。ＨＳＢはまた、高齢者向け住宅の建設にも早くから取り組んでいた。

こうしたＨＳＢの取り組みは、住宅供給のあり方が社会

1930年代に建設されたフンキスのキッチン。大理石の作業台とスパイスラックを備えている。奥に見える食事のためのスペースは寝室を兼ねている

セーデルマルム北西部マルモーン地区のHSBの集合住宅。全9棟に計539室のアパートがある。居住権方式を採用した住宅としてはストックホルムで最も古く大規模なもの

福祉の対象となるあらゆる領域に深くかかわるものであることを示している。住宅は家庭生活を支える要であり、あらゆる課題の解決に向けた手がかりが、ここに埋め込まれているのである。住宅供給市場においてＨＳＢのような協同組合方式が大きな役割を果たしていたことは、のちに見るように、スウェーデンが福祉国家建設を進めるにあたって大きなアドバンテージとなった。

とはいっても、当時、すべての労働者が協同組合に加入するだけの資力を有していたわけではない。ＨＳＢが設立される前の第一次世界大戦中には、都市部の自治体が、最貧層の人々に対する具体的な対策に乗り出していた。一九三〇年代以降に社民党政権下ですすめられた住宅政策についても見ていく前に、それに先行してはじまっていた自治体レベルでのいくつかの取り組みについても確認しておこう。

公営住宅会社

スウェーデンは第一次世界大戦には参戦しなかったが、その影響を免れたわけではなかった。欧州諸国が戦争によって打撃を受けたことに乗じて、スウェーデン経済は好景気を迎えていたものの、庶民はインフレによる物価の上昇や食糧の不足などに苦しみ、高い失業率が深刻な社会問題になりつつあった。こうしたなかで社会民主党の勢力は拡大し、国会や地方議会で議席を得るようになっていた。

一九一七年に自由党と社民党の連立政権が樹立されると、一九一八年には、社民党がかねてより提案してきたいくつかの施策が実現することになる。八時間労働制の導入や、男女普通平等選挙の実現などだ。そして、住宅不足への政治的対応もすすめられた。

第４章で見たように、ストックホルムをはじめとする都市部では、住宅不足の解消のために労働者住宅の建設がすすんでいたが、第一次世界大戦中は建築資材の不足によりコストが数倍に跳ね上がり、多くの建設現場が作業を中断せざるをえなかった。これに対して社民党は、切迫する住宅問題に対して自治体や国が介入すべきであると主張していた。

それまで、賃貸住宅市場は自由市場であるとして国や自治体の介入は避けられてきたが、いくつかの都市では、緊急対応として公営の簡易住宅が建設されることになった。先頭を切ったのは首都ストックホルムで、一九一七年以降、クングスホルメン北西部、ノルマルム北部、セーデルマルム南西部などに、木造一〜二階建てのアパートがいくつも建てられた。その多くは、一部屋とキッチンのみというきわめて簡素なものである。建設を請け負ったのは民間の建設会社だったが、一九一六年に設立されたＳＫＢも、設立後すぐに簡易住宅の建設を手がけた(5)。

第５章で見たとおり、グンナル・アスプルンドをはじめとする当時の著名な建築家たちも、自治体からの依頼を受けて労働者向け住宅や簡易住宅の設計を手がけていた。そのため、この時期に建てられた簡易住宅は、狭く簡易なものではあったが機能的で、外観には当時台頭していた民族ロマン主義や北欧古典主義の影響が見られるものも少なくなかった。

たとえば、ＳＫＢがストックホルム市の委託により西部のベリスリュッゲン地区に建てた簡易住宅は、グスタフ・ラーション（Gustaf Larson, 1884～1962）が設計したものである。一階は石造り、二・三階は木造で伝統的な赤色に塗られており、その美しい外観を理由として取り壊しの計画が廃止され、現在まで保存されている。

また、ノルマルム北部のセーデシュダルスガータン通りには、アクセル・ヴェッテルベリ（Axel Wetterberg, 1877～1938）の設計によって一九一九年に建てられた簡易住宅がある。この建物も保存され、いまも現役の住宅として用いられている。

スウェーデンにおいて自治体が住宅供給に関与するようになったのは、この時期の簡易住宅建設が最初であったといわれる。まもなく全国の各都市で、自治体による公営住宅会社が次々と設立された。

一九二〇年代には住宅協同組合が成長し、住宅供給における

ストックホルム西部アルヴィク地区における簡易住宅建設の様子（1917年）

セーデシュダルスガータン通りに現在も残る簡易住宅

自治体の役割は一旦縮小するが、のちに見るように、一九四〇年代以降の住宅供給市場においては、自治体が設置する公営住宅会社が存在感を増していく。

郊外住宅地の開発

ところで、都市部の過密状態が頂点に達していた一九世紀末には、比較的裕福な人々が郊外での暮らしに目を向けはじめていた。民間企業が都市郊外の土地を買い上げ、それを宅地に分割して販売するようになると、中心部を取り囲むように「戸建て都市」と呼ばれるエリアが次々と誕生する。ストックホルム郊外の高級住宅地として知られるサルトシェーバーデン地区は一八九一年に、リーディンゲ地区は一九〇六年に造成されたものだ。

また、二〇世紀初頭にイギリスで提唱された田園都市運動も、まもなくスウェーデンに伝わっている。田園都市運動とは、都市郊外に自然豊かな労働者用住宅地を造ることを目指すもので、一九〇九年にはスウェーデン最初の田園都市として、ストックホルムの中心部から南に約四キロ下った場所にガムラ・エンシェーデ地区が造成された。第5章で紹介した「森の墓地」にほど近い場所である。

ガムラ・エンシェーデは、一九〇四年にストックホルム市が購入した土地を持ち家エリアとして造成したもので、規格化された戸建てやテラスハウスが建設された。この時期に建てられた家には、屋根の形や外壁の色などに民族ロマン主義の特徴が見られる。どの家にも広々とした庭があり、家庭菜園を設けられるようになっている。

通勤に不便が生じないよう、鉄道も延伸された。市が所有する土地の借地権を居住者が購入するという形式がとられ、購入者は費用の八〇パーセントまでを市が提供する低金利の住宅ローンで賄うことができた。月々の支払いは、中心部にある同じような広さの集合住宅と同程度に抑えられたという(6)。

このように、郊外住宅地の開発は、裕福な人々のニーズと労働者階級のニーズの双方にこたえる形で展開したのだったが、とくに後者に対しては、都市中心部の集合住宅と同じく協同組合的な取り組みもすすんだ。資産をもたない農民や労働者たちが持ち家を入手することを目指す「持ち家運動」と呼ばれる運動である。この運動は、二〇世紀前半に農村と都市郊外で展開された。

持ち家運動の先駆けとなったのは、一八九二年に中部の小都市モータラに設立された「持ち家協会(FEH)」である。FEHは、人々を借家暮らしから解放することを目指し、全国各地に土地を購入して、小さな農地付きの宅地を会員に分譲するという活動をおこなった。設立を主導したのは、ストーブ職人のフランス・ヨーハンソン(Frans Wilhelm Johansson, 1851〜1922)である。

第1章で見たとおり、従来スウェーデンの農村部では、地主から農地を借り受ける小作人(ト

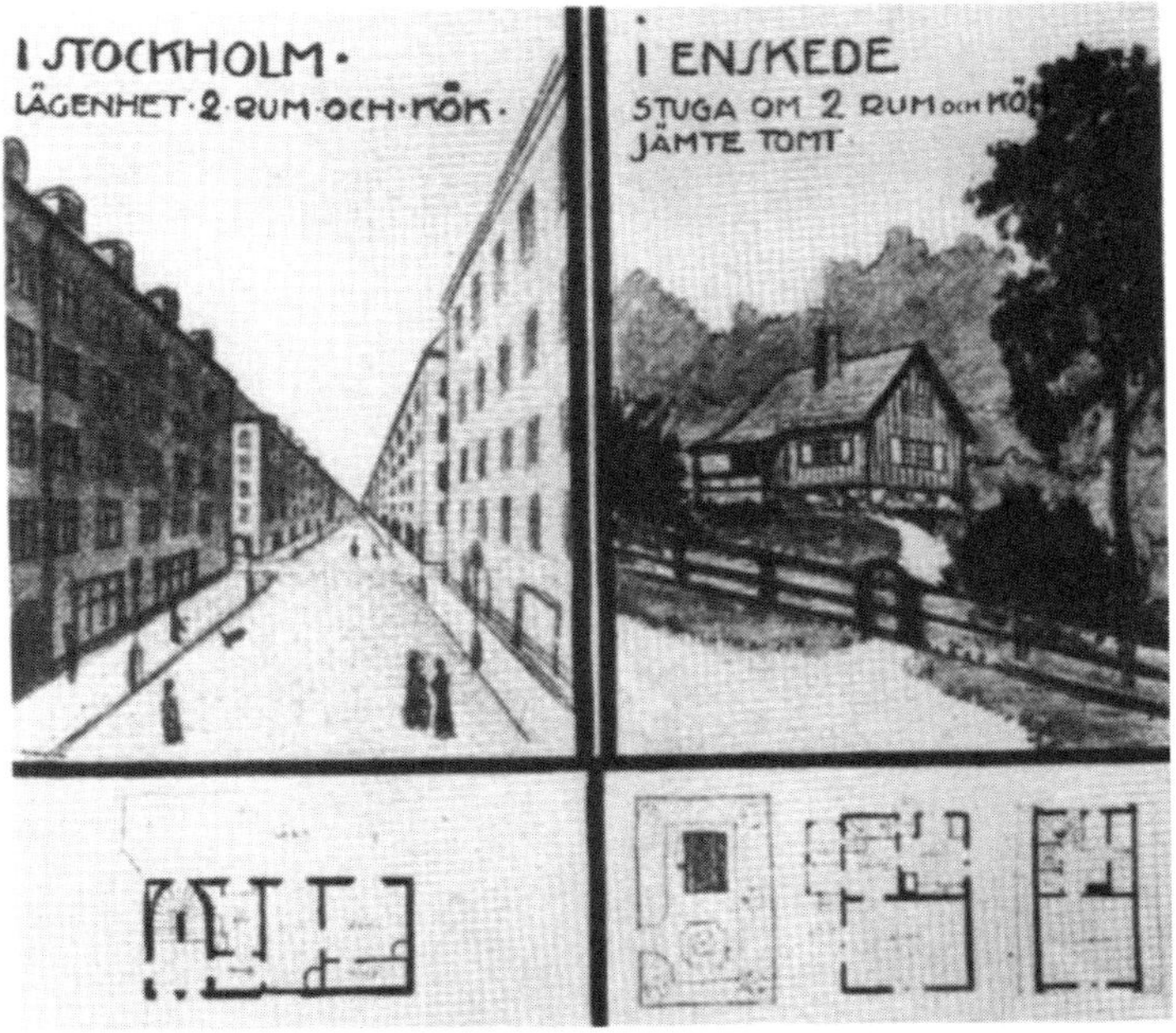

都心の集合住宅とエンシェーデの戸建て（どちらも2DK）を比較した図

現在のガムラ・エンシェーデ地区。1900年代に建てられたテラスハウス（左）と戸建て（右）

ルパレ）や、農場に雇われ現物支給で報酬を受け取る農業労働者（スタータレ）は、地主や雇い主が所有する小屋や長屋に暮らしていた。

ヨーハンソンは職業柄、さまざまな地域に出向いて多くの住宅に出入りするなかで、土地をもたない小作人や農業労働者のあまりにも粗末な住まいに心を痛め、他方で、手つかずのまま放置されている土地があることにも関心をもつようになった。そして、それらの土地を農地として活用することと、貧しい人々が自らの土地と住まいを手に入れることを同時に実現する方法として「持ち家協会」の設立を考案したのである。(7)

ＦＥＨは、会員が収めた会費をもとに土地を購入し、その土地を分割して会員に割り当てた。会員はそこに家を建てるとともに、農地としても活用する。この方式はすぐに各地に普及し、約三〇年間のうちに全国に一六三の地方支部がつくられた。はっきりとした会員総数は記録されていないが、一九〇二年の段階で四〇〇〇人に達していたという。(8) やがて、同様の事業をおこなう他の団体や住宅販売会社が続々と設立されていった。

さらに各地の農村では、この方式によって誕生した数多くの小規模農家の生活を支援するために、農業技術の啓発や農機具の共同購入などを推進した「小規模農家運動」や、小規模農家が安定して農業を営めるよう税制改革を求める「土地改良運動」もはじまった。

この二つの運動は一九〇〇年代に活発化したが、小規模農家運動には、景観保存運動に尽力していた作家カール・エーリク・フォシュルンドが熱心に参加し、土地改良運動においてはＣＳＡ

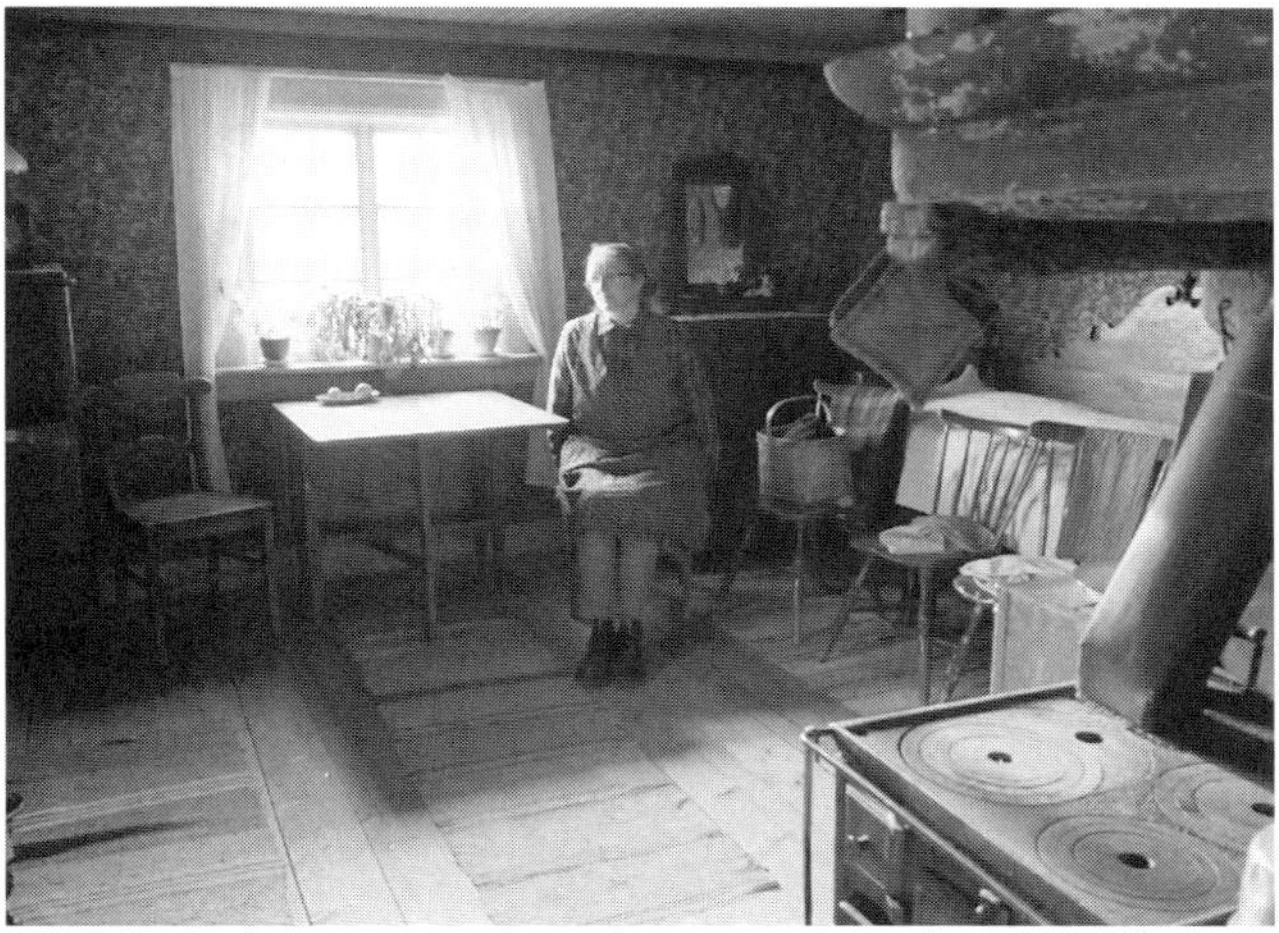

スカンセンに展示されている19世紀末のスタータレの長屋。玄関を入った内部は左右に分かれ、それぞれに一家族が暮らしていた。部屋の入り口近くに料理や洗濯に使うストーブが、奥にはテーブルと椅子があり、壁際の長椅子の周りに衣類などが雑然と置かれている

が主導的な役割を果たしていた(*)。

実は、これらの運動はいずれも、一九世紀後半から続く北米への大量移民と深くかかわっていた。当時、土地をもたない農民の暮らしはきわめて悲惨で、多くの若者が北米での新しい暮らしに憧れを募らせ、次々と移住を決断していたのである。アメリカに移住した人々は次のような証言を残している。いずれも一九〇七年に語られたものだ。


私はダールスランド地方の山間部で、小さなトルパレの家に生まれました。学校に通っていた幼い頃から、すでにクラスメイトたちは、スウェーデンには階級の違いがあるということを知っており、学童たちのなかにさえ階級差はありました。このことが、私に早くから世界に出たいという気持ちを生じさせたのだと思います。

私はアメリカに行きたかった。でも、八年間必死に働いても、アメリカ行きの切符を買うことはできませんでした。結局、叔父が切符を送ってくれて、一八か月かけて返済しました。アメリカに来たばかりの頃はわずかな給料でしたが、それでもスウェーデンよりは多く、しかも仕事はずっと楽なものでした。いまは結婚して、この国に自分の家をもっています。

スウェーデンでは、私のような貧しい者は、自分の家を手に入れることは絶対にできなかったでしょう。少なくとも、私がスウェーデンにいた時代には不可能でした。私はここが自分の家だと感じています。スウェーデンに帰りたいとは思いません。でも、祖国を愛していますし、

子ども時代を過ごした美しい湖畔をもう一度見たいと思っています。(9)

私はヴェルムランドで生まれました。もっとも貧しい階層の家族でした。八歳の頃から自分のパンは自分で稼がねばならず、外に働きに出ていました。主な仕事は子守です。朝四時に起きなければなりませんでしたが、八時になるまでは食事もできず、わずかな発酵ニシンとジャガイモが日々の食事でした。(略)

どう見ても、私の将来は暗いものに思えました。一人前とみなされておらず、まともな給料ももらえない。わずかな給料に、辛い仕事。病気や老後に備えることもできず、私はいずれ救貧院に行くのだろうと思っていました。

解放されたのは一七歳のときです。同じような子ども時代を過ごした二人の兄がすでにアメリカに渡っていて、私に切符を送ってくれたのです。私はすぐに荷造りをしました。とはいっても、鞄に詰めたのは、粗末な服と牧師にもらった聖書、学校でもらった貧相な成績表、親切な二人の女性がくれた一クローナの現金のみです。心を躍らせて、西の大国に渡りました。この旅を後悔したことは一度もありません。

(＊)　一九〇六年にCSAが設立した「土地改良協会」には、一九一六年のストックホルム住宅協同組合(SKB)の設立にも関わったユングヴェ・ラーションが主要メンバーとして参加していた。

ここでの生活も貧しいものですが、人間らしく暮らせています。まともな家をもつこともできました。祖国愛がないわけではありませんが、スウェーデンに戻りたいとはまったく思いません。スウェーデンからアメリカに来たほかの人たちも同じだと思います。[10]

こうした証言からは、当時のスウェーデンでの生活がいかに苦しいものだったか、そして、貧しい境遇に置かれた人々にとって、自らの家を所有することがいかに大きな意味をもっていたかがうかがえる。

一九世紀末から二〇世紀初頭にかけて、持ち家運動、小規模農家運動、土地改良運動といった諸運動が展開されたのは、移民流出を食い止めるために、スウェーデンにおける土地所有のあり方を変えなければならないという課題意識を多くの人々がもっていたからにほかならない。

持ち家のイデオロギー

若者の国外移住を食い止めることは国の将来をかけた緊急課題だったが、政治家たちのなかに危機感が広がるきっかけとなったのは、一九世紀末にいったん収まったかに見えた移民流出が二〇世紀に入って再び増加し、一九〇三年に約三万五〇〇〇人を記録したことだった。一九〇七年

1850-2008年の流出移民と流入移民

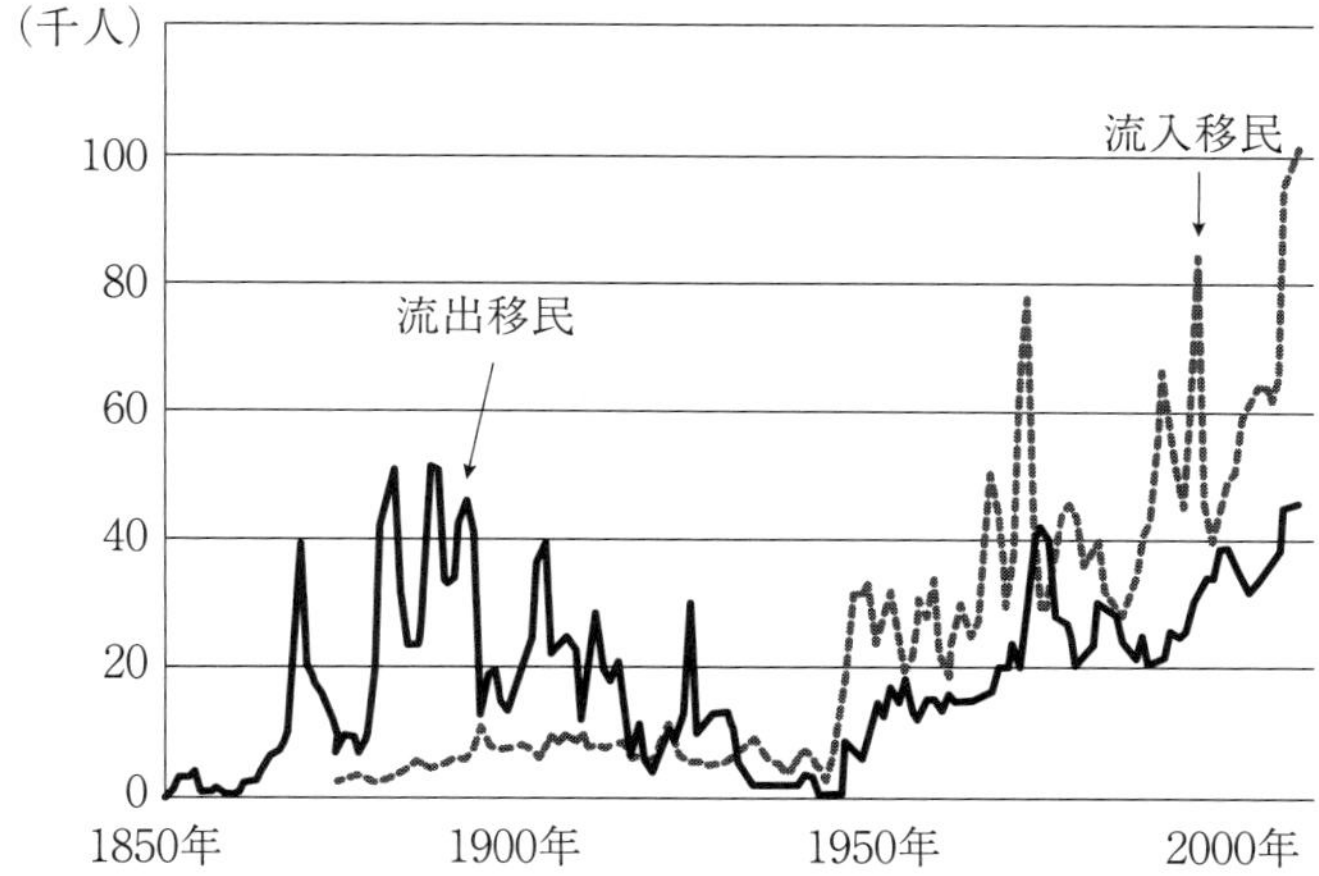

には、北米に移住した人々に対する大規模な調査が開始された。先に引用した移住者の証言は、この調査の中間報告書で紹介されたものである。

また、同じく一九〇七年には「移民流出防止全国協会（NME）」が設立され、若者の国外移住を防ぐための宣伝活動、就職の斡旋、持ち家の推進活動などを展開するようになった。持ち家普及のために設立された住宅販売会社のなかには、NMEと協力関係を築いていたものもあった。

持ち家や小規模農家にかかわる諸運動の内部では、さまざまな思惑が交錯していたことが指摘されている[11]。たとえば、民族ロマン主義の支持者や保守派の政治家たちは、移民流出が祖国を崩壊させかねないと危機感を抱くとともに、国の基盤たる農業を守るための対策として小規模農家を増やすことを目指した。リベラルな都市市民層は、労働力の安定的な調達のために、また共産主義思想が広がることを阻止するために、労働者が都市近郊に家を所有することは得策だと考えた。

他方、労働運動を基盤として成長しつつあった社会民主主義勢力は、ブルジョワ的な含みをもつ持ち家運動に当初は反発していたものの、土地と住まいをめぐる切迫した問題を解決するには、持ち家の推進は不可欠だと考えるようになっていた。

こうして、一九世紀末から二〇世紀初頭にかけての短い期間のうちに、社会の安定のために持ち家運動を推進する機運が一気に高まり、一九〇四年には、政府によって「持ち家ローン国家基金」が導入されるに至った。これは、スウェーデンにおける住宅政策のはじまりであったといわれている。

国の持ち家ローンを利用するには一定の条件があった。融資を受けることができたのは、土地を農場として用いる場合か、住居と同じ敷地で小規模な農園を営む場合にかぎられた。当初は農村地域のみが融資の対象だったが、一九〇八年以降は都市郊外も対象に含まれるようになった。また、融資を受ける際には、「自身の労働によって生計を立てていること」、「周囲からの評判がよく、倹約家として認められていること」、「飲酒をせず、生活態度が良好であること」といった条件を満たす必要があった(12)。このローンは、国の産業を支える勤勉な労働者を育成する手段ともみなされていたといえる。

持ち家とはいっても、長期間のローンを抱える場合、賃貸住まいと比べて経済的な負担が軽くなるわけではない。それでも労働者たちは、住居を所有することによって生活環境が格段によくなることを期待した。カール・ラーションの水彩画に描かれたような暮らしに羨望を抱いた人々が、持ち家の実現を夢見たことは想像に難くない。

こうした人々を支援するために、低コストで建てられる住宅の設計に尽力する建築家も現れた。第5章で見た建築家ラグナル・エストベリの取り組みはその一例である。エストベリは一九〇五年に、カール・ラーションの画集と同じタイトルの小冊子『ある住まい』を出版したが、これは建築資材を購入し、セルフビルドで戸建て住宅を建てることを奨励するもので、設計図、建設にあたっての注意点、家具のつくり方などを紹介する内容だった。

セルフビルドの利点は、コストを抑えられることのみではなかった。エストベリのこの小冊子では、快適な住まいを自らの手でつくり上げる作業の楽しさも強調されている。この時期には、類似の本がほかにも多く出版され、一九二〇年代に入る頃には、土地を手に入れ、そこに自らの手で家を建てることは、労働者が共通して抱く目標の一つとみなされるようになっていた。

ただし、すべての労働者がその夢をかなえることができたわけではない。すでに見てきたように、当時は都市部の労働者の大多数が劣悪な集合住宅で暮らしていたが、そうした住まいさえも確保できない人々のために数多くの簡易住宅が造られていた。

とはいえ、労働者階級のなかには、ローンを使って持ち家を手に入れるという新たな道を未来への希望とみなした人もいたことだろう。実際のところ、持ち家の理念が普及するとともに国外への移住は徐々に減り、一九三〇年頃にはほぼ終息している。

まさしくこの時期に政治の中心に立つことになった社会民主党は、人々の間に急速に広がった持ち家への志向を新しい社会のビジョンと結び付けることに成功したといってよい。そのビジョンとは、「国民の家」というスローガンを掲げた福祉国家の建設である。

「国民の家」の住宅政策

社会民主党が初めて国会で第一党となり単独政権を樹立したのは、一九二〇年三月のことだった。このときの内閣は六か月の短命に終わったが、社民党は一九二〇年代を通じて断続的に政権に就いている。その後、四四年間にわたる社民党長期政権がはじまったのは、一九二九年のニューヨークに端を発する世界大恐慌が未曾有の混乱を引き起こし、スウェーデンの経済危機が頂点に達していた一九三二年であった。

社民党は農民同盟（のちの中央党）と協力体制を構築し、一九七六年までの長期にわたって政権を担った。この時期に年金や失業保険などの諸制度が次々と整備され、福祉国家体制が確立されていったのだが、それを支える理念的支柱は、長期政権の樹立に先立つ一九二八年に提唱されていた。この年の国会討議で、当時の党首ペール・アルビン・ハンソンが、新しい社会をつくるための方針として「国民の家（folkhemmet）」の構想を次のように述べたのである。

この「家」の基盤は、共存と共感です。よい家には、特権をもつ人も、後回しにされる人もいません。贔屓《ひいき》にされる子どもも、継子《ままこ》もいません。誰かが誰かを下に見ることはありません。ほかの人を犠牲にして利益を得ようとする人はいないし、強い人が弱い人を抑圧したり、略奪したりすることもありません。

よい家では、誰もが平等で、互いを気遣い、協力し助け合います。これを、国民の家、市民の家で実現しましょう。特権をもつ者と後回しにされる者、支配する者と従属する者、強奪する者と強奪される者とを隔てる、あらゆる社会的・経済的な障壁を打ち壊すのです。

現在のスウェーデン社会は、よい市民の家であるとはいえません。確かに、制度的には平等です。政治的な権利においては、みな平等になりました。しかし、この社会はいまだに階級社会で、ごく少数の人が経済を掌握しています。

時折、格差の叫びが聞こえてくることがあります。宮殿のような屋敷に住んでいる人がいる一方で、凍える冬を簡素な小屋で過ごす人たち、そういった住まいさえ望めない人たちが大勢います。豊かな暮らしをしている人がいる一方で、ひとかけらのパンを求めてドアからドアへと訪ね歩く人たちが大勢います。貧しい人々は、明日を迎えるのを不安に思っています。病気、失業、あるいは事故が待っているかもしれないからです。

スウェーデン社会をよい市民の家にするには、階級の区別をなくすこと、社会保障を発展させること、経済的な平等を実現すること、労働者が財務管理に参加できるようにすること、民主主義を実現し、それを社会的にも経済的にも現実のものにしていくことが不可欠なのです。

女性史研究者のイヴォンヌ・ヒルドマンは、こうした「国民の家」の構想には、明らかにエレン・ケイの影響が見られると指摘している[13]。第3章で見たように、ケイは昔ながらの農村の暮らしを賛美しつつ、家族や仕事仲間が思いやりをもって互いに助け合うことが生活をより豊かで美しいものにすると考え、そうした人々を育む家庭の役割を重視していた。

ケイは、民衆教育運動を通じて「社会美」の思想を啓発することにより、貧困や犯罪といった「社会の醜いもの」を憎む心が生まれ、他者への共感と思いやりにもとづく「よい社会」が実現すると考えたのだったが、当時、政権の中枢を狙える位置にいた社会民主党は、一連の福祉政策を導入することでそうした社会を現実のものにしようとした。その中心的理念として掲げられたのが、「国民の家」というスローガンだったのである。

また、ヒルドマンは、「国民の家」構想には明らかに家父長制的なニュアンスがあるとも述べている。

ヒルドマンは、「快適で安らげる家をつくり、それを温かく、明るく、楽しく、自由なよい家にするのです。女性にとって、これ以上に魅力的な任務はないはずです[*]」というハンソンの発言を取り上げ、この発言が男性中心的で、女性に対する期待が伝統的な性別役割に偏っていることを指摘しているのだが、このことは、当時の社民党におけるジェンダー観を表しているだけでなく、「国民の家」構想がスウェーデンの伝統的家族の理念を人々に想起させるものであったことを示唆している。国民全体を家族とみなし、国家をその家長になぞらえる見方は、農村で営まれてきた昔ながらの家庭生活への郷愁を呼び起こすものでもあるからだ。

都市化が加速する以前、国民の大多数は農村で暮らし、家族で仕事を分担しながら自給自足に近い生活を送っていた。そうした生活様式に関心を寄せた人々が、一九世紀末から二〇世紀初頭にかけて、民族ロマン主義とつながる景観保存運動を展開していたことは第1章で見たとおりである。

この運動のリーダーの一人で、社会民主主義者でもあった作家フォシュルンドは、一九〇〇年に発表した小説『大農場』で、都市に暮らす若者が農村での家族の暮らしを懐かしむ様子を描写した。この小説は景観保存運動のバイブル的存在となったが、実はこの小説には、「ある住まいについての本（*en bok om ett hem*）」という副題が付けられている。

カール・ラーションが一八九九年に出版した画集『ある住まい（*Ett hem*）』でも、父カール

（＊）ハンソンがスウェーデン社会民主主義女性連盟の機関紙『朝の風（*Morgonbris*）』一九二七年クリスマス号に寄せた文章。Hirdman（1989/2010）s.90から引用。

を中心とする家族が農村で穏やかに暮らす様子が描かれていた。さらに、民族ロマン主義の建築家エストベリが一九〇五年に出版した同名の小冊子も、都市部の労働者に大いに人気を博していた。持ち家をめぐる諸運動が台頭していたことからも、この時代、民族ロマン主義的な含意をもつ「住まい／家（hem）」という概念が民衆を強く惹き付ける力をもっていたことがうかがえる。

新しい社会のビジョンとして掲げられた「国民の家」構想に対しては、伝統を重視する保守派に迎合するものであるとして、社民党内部に反発も生じていた。だが、「家」の概念を用いたことによって、これ以後に社民党が展開した福祉政策への抵抗感が弱まり、人々を福祉国家建設に向けて動員する力が生み出されたともいわれている。(14)そして、結果的には、普遍主義的な理念のもとで展開された家族政策などを通じて、伝統的家族の閉鎖性は徐々に打ち破られていくことになったのだった。

ところで、「国民の家」構想において、「家」は単に国家の比喩だっただけではない。国民の家庭生活の拠点となる住まいの改善は、重要な政策課題とみなされていた。ただし、その具体的な方策として採用されたのは、民族ロマン主義者や保守派が目指した小規模農家の促進ではなく、モダンな機能主義住宅（フンキス）を普及させることだった。「国民の家」の理念には、伝統的な暮らしへの愛着と近代的な新しい社会への希求が、絶妙に混じりあっているように見える。

このことは、伝統主義と機能主義とが融合した「人間味のあるモダニズム」を連想させるが、実のところ、社民党の内部には、一九三〇年のストックホルム博覧会で示されたモダニズムの理念に共鳴していた者が少なくなかった（＊）。とりわけ、党首ペール・アルビン・ハンソンは、機能主義建築を高く評価していたことで知られている。

ハンソンは、社民党が政権に就いた翌年の一九三三年に、ストックホルム郊外に造成されたオルステン地区のテラスハウスに自らの住まいを移しているが、これは典型的なフンキスだった。彼は、一九四六年に亡くなるまでこの家で暮らした。

同じく一九三二年、社会大臣グスタヴ・メッレル（Gustav Möller, 1884～1970）は、住宅政策のガイドラインの作成に向けて住宅状況調査委員会を任命した。この委員会には、パウルソンやアスプルンドらとも親しかったモダニストの建築家ウーノ・オレーン、ＨＳＢの機能主義住宅を主導していたスヴェン・ヴァランデルが委員として参加している。

第5章で見たように、ストックホルム博覧会の企画・運営を担ったパウルソンやアスプルンドといったモダニストたちは、苦しい生活を余儀なくされている大多数の人々の生活環境を向上させるために社会の抜本的な改革が必要であると考え、その実現に向けて人々の意識を喚起することを目指し、博覧会の翌年にあたる一九三一年に『アクセプテーラ』を出版したのだったが、この本では、理想的な住まいの条件が下記のように描写されている。

（＊）ただし、社民党のなかにも機能主義建築を好ましく思っていない党員はおり、ストックホルム博覧会に際して生じた「スロイド闘争」のような状態が社民党内部にも生じていたという（Rudberg（2010）p.153）。

健康によさそうな、日当たりのよい場所にあること。空気がきれいで、家族が暮らすのに十分な広さがあること。家族が眠るための部屋があること。みんなが集える空間があること。できれば、静かに勉強できるコーナーがあるとよい。新鮮な空気に触れることのできる場所もあるとよい。さらに、使い勝手のよいキッチンと、家事を楽にしてくれる道具、健康を保つための衛生設備も必要だ。(15)

ハンソンが「国民の家」における理想の住まいとして思い描いていたイメージは、まさしくこうしたものだったに違いない。本章の冒頭でヨーハンソン家の住まいとして紹介した「国民の家のアパートメント」も、これを体現するものである。

自宅前に立つハンソン首相。ハンソンの住まいは路面電車の駅に最も近い棟の南端にあった

南北に伸びるオルステンスガータン通りに沿って建てられたテラスハウス

一九三〇年代初頭には、すでにＨＳＢをはじめとする住宅協同組合が全国各地で取り組みをすすめており、こうした機能主義住宅は徐々に普及しつつあった。その一方で、各地の持ち家運動も活発で、都市部では自治体の主導により郊外住宅地の開発もすすめられていた。

ストックホルムの西に位置するオルステン地区やノラ・エングビィ地区は、一九三〇年代に開発された田園都市の代表例で、一九〇九年に造成されたガムラ・エンシェーデ地区と同様に、テラスハウスや戸建て住宅が多く造られている。セルフビルドの住宅も広く推奨されていた。

ところで、メッレルが任命した住宅状況調査委員会には、経済学者グンナル・ミュルダール（Gunnar Myrdal, 1898～1987）も参加していた。当時はストックホルム大学の教授になったばかりだったが、まもなく国会議員となり、一九四〇年から一九四七年までは商業大臣を務め、一九七四年にはノーベル経済学賞を受賞した人物である。

彼と妻アルヴァ・ミュルダールは、モダニストの建築家たちとも親しい友人関係にあった。一九三七年にブロンマ地区に新築された夫妻の自宅は、『アクセプテーラ』の共著者であったスヴェン・マルケリウスの設計によるものである。

そして、ミュルダール夫妻の一九三四年の共著『人口問題の危機（*Kris i befolkningsfrågan*）』は、住宅状況調査委員会の任務とも深くかかわる内容だった[16]。かれらはこの本で、出生率の低下が長期的には経済成長にも悪影響を及ぼすと主張した。これが産業界に大きなインパクトを与え、激しい論争を引き起こしたのだが、このことと並んで注目されたのは、劣悪な住まいをはじめとする労働者の生活環境の悪さがスウェーデンにおける出生率低下の原因になっているという指摘である。

かれらの主張をふまえて一九三五年に出された住宅状況調査委員会の中間報告書では、出生率を上げるためにも、衛生的で十分な広さのある住宅を増やすことが急務であると主張された。あわせて、低収入の子だくさん家庭を支援するために、いわゆる「多子住宅」を建設することも提言された。当時の集合住宅は、部屋数が少ないものばかりであったうえに、家主は子どもの多い家族に部屋を貸すことを避ける傾向があり、子どもの多い家族はもっとも劣悪な住環境に追いやられていたのである。

この中間報告書を受けて、一九三五年の国会では、一六歳以下の子どもを三人以上育てている「多子家庭」向けの集合住宅建設に有利な貸付事業を導入することが決議され、自治体や住宅協同組合、民間住宅会社がこれを利用して多子住宅の建設を開始した。また、多子住宅に住む家族には、子どもの数に応じて規定の家賃を引き下げる形での補助がおこなわれるようになった。

住宅状況調査委員会によるいくつもの提言は、以後の住宅政策の基盤となり、現在もなおその枠組みが適用されている。なかでも、とくに重要なのは、一九四五年の最終報告書において自治体による公営住宅会社の設立が推奨されたことだろう。

公営住宅会社が自治体内の集合住宅建設の多くを担うようになれば、各地域の実状や都市計画に即して住宅を配置・供給することが容易になる。また、民間の賃貸住宅では、収入の多寡や出

1936年のオルステン地区。白いテラスハウスが立ち並ぶオルステンスガータン通りは、国の文化財に指定されている

ノラ・エングビィ地区（1930年）

スヴェン・マルケリウスが設計したミュルダール邸

ノラ・エングビィ地区におけるセルフビルドの様子（1935年）

身地などによって入居を断るケースも少なくなかったが、公営住宅が増えれば、誰もが手ごろな価格の住まいにアクセスできるようになる。また、家賃を世帯収入の二割程度に抑えることも提言された。公営住宅会社の推奨には、投機目的の住宅建設を防ぐという意図もあった。

公営住宅会社は、一九四二年に導入された国庫住宅ローン制度においても優遇された。公営住宅会社は建設費用の一〇〇パーセント、住宅協同組合は九〇パーセントを上限として低金利のローンを利用できたが、民間の住宅会社は八五パーセントが上限だった。また、このローンを利用して住宅を建てる場合、住宅会社には一定の基準を満たす住宅を造ることが条件として課せられた。住宅機能の水準を向上させることも、最終報告書に盛り込ま

1930年代にストックホルム郊外のトラーネベリ地区に建てられた多子住宅

れた提言の一つである(17)。

これ以降、公営住宅会社は住宅協同組合とともに、住宅市場において強力な存在感を発揮することになった。現在、スウェーデンでは全人口の約五二パーセントが自己所有の戸建てに住んでいる一方で、約一八パーセントは住宅協同組合等が提供する居住権方式の集合住宅に、約一五パーセントは公営住宅会社の賃貸住宅に住んでいる。民間の賃貸住宅に住んでいるのは約一五パーセントだ(18)。

ハウジング研究者のジム・ケメニーは、「福祉国家の長期的な存続可能性は、社会構造がどのていど協同化されているかによって変化する(19)」と述べ、その協同化の度合いを示すものとして住宅保有形態に注目している。

彼によれば、協同組合や公営住宅会社を中心とするスウェーデンの住宅供給のあり方は、この国に協同主義的な社会構造が深く根づいていることを示しており、それゆえにスウェーデンでは比較的強力で堅牢な福祉国家が形成されたのだという(20)。それは、日本のような「持ち家社会」とは大きく異なる構造である(*)。

ケメニーがいうように、スウェーデン福祉国家の基盤が人々の協同的な結びつきにあるとすれば、一九三五年に開始された多子住宅の建設が、一九四〇年代にはセグリゲーションを助長するとして批判され政策から姿を消したことも首肯《しゅこう》できる。一九四〇年代以降の住宅政策は、低収入世帯に支援を限定するのではなく、収入にかかわらずすべての世帯に良質な住宅を供給するという目的を掲げるようになった。

社民党政権による福祉政策においては、福祉の対象を低所得層に限定せず、すべての人々に同等のサービスを提供する普遍主義が基本方針とされている。人々を福祉の対象となる人々とそうでない人々に分けることなく、協同的な結びつきを生み出すためには、こうした普遍主義の方針がきわめて重要だ。これこそが、誰もが平等に扱われる「国民の家」の屋台骨であり、スウェーデン福祉国家の最大の特徴であるといえる。

誰もが利用可能な住宅ローン制度がつくられたことや、基準を満たした良質な機能主義住宅が数多く提供されるようになったことなどによって、住環境の水準は明らかに向上した。持ち家も引き続き推奨されてはいたものの、多くの人にとっては集合住宅が現実的な選択肢であり、公営住宅会社や住宅協同組合が各地で積極的に集合住宅の建築に取り組んだ。

その結果、一九四〇年代から一九五〇年代にかけて、冒頭で触れたヨーハンソン家のアパートのように、十分な広さをもつ機能主義住宅が全国に普及することになる。「国民の家」の住宅政策のもとで整えられつつあった住環境によって、農村での伝統的な暮らしとは異なる、新しい生活の可能性が開かれた。

良質な住まいを手に入れることができた人々にとって、次なる目標は、かつて夢見た快適な生活をそこで実現することだ。カール・ラーションやエレン・ケイが示したような美しいインテリアを、自分たちの住まいに設えること。そして、シンプルで機能的な家具や食器を手に入れ、伝統的なヘムスロイドで部屋を飾ることである。

第5章で見たように、ものづくりの世界では、労働者階級の人々に美しい製品を手ごろな価格で届けるための試みがすでに展開されていた。だが、人々がそうした品々を実際に手に入れ、それらを使いこなすようになるには、別の取り組みが必要だった。エレン・ケイが力強く提唱し、スロイド協会が自らの活動目的として掲げた「趣味の向上」のための教育活動である。

社民党政権が掲げた「国民の家」構想については、スウェーデンの福祉政策を大きく前進させたものとして評価される一方で、個人の自由を制限し、人々の日常生活を細部まで統制するものだったという批判もある。だが、実際のところは、労働者階級の人々の日常生活はどう変化したのだろうか。また、そうした変化はどの程度、公権力による統制によって導かれたものだったのだろうか。

（＊）　住宅政策を研究する平山洋介は、日本では持ち家指向に援助を集中する政策が選択され、それによって、借家居住に対して持ち家が相対的に有利な状況が強化されてきたと指摘する。男性稼ぎ手モデルの標準世帯に有利な住宅システムがつくられたことによって、そこから外れた非標準世帯は不利な立場に置かれ、持ち家購入に必要な収入水準に満たない人々は、住まいの基盤を固めることが難しい状態に置かれてきた。低所得者に対する住宅供給は拡大せず、家族向けの広さをもつ賃貸住宅も少ない。勤務地や家族形態の変化による住み替えがしづらいことに加えて、家賃負担も大きい。低家賃かつ良質の住宅を増やす政策には、世帯形成を促し出生率を変化させる可能性があるという平山の指摘は、ミュルダール夫妻の主張とも重なるものである（平山（二〇〇九）参照）。

第7章では、この時期に生活様式の刷新を目指して展開されたさまざま教育活動を見ながら、人々の暮らし方がどのように変化していったのかを探ってみることにしたい。

第7章　「美しい住まい」の実践
――趣味を育てる消費者教育

グスタフスベリの住宅講座

ストックホルム中心部、セーデルマルム島の北端に位置するスルッセン駅は、南に向かう交通の要所で、地下に大きなバスターミナルがある。北欧デザインの愛好者にとって、ここから出発する四七四番のバスはお馴染みの路線だ。

行き先は、グスタフスベリ陶磁器工場である。工場としてはもう稼働していないが、このバスに乗ってグスタフスベリ陶磁器博物館やアウトレットショップを訪れる観光客は絶えない。巨大な元工場の内部は多くのアーティストにアトリエとして貸し出されており、現在もなおスウェーデン・デザインが生み出される拠点の一つとなっている。近隣には、かつて従業員のために建設

グスタフスベリ陶磁器工場エリアへの入り口

グスタフスベリ陶磁器博物館

アトリエの入り口

元工場の一部を利用したアウトレットショップ

された住宅地が広がっている。

スウェーデン・デザインの巨匠と呼ばれるスティグ・リンドベリ（Stig Lindberg, 1916〜1982）は、このグスタフスベリ陶磁器工場で一九三七年にキャリアを開始した。第５章で見たとおり、当時のグスタフスベリ社には、一九一七年の住宅展覧会で一躍注目を集めたヴィルヘルム・コーゲがスロイド協会の斡旋によってデザイナーとして雇用されていた。

ストックホルムの技術学校（現在のスウェーデン国立美術工芸大学《コンストファック》）を卒業したばかりのスティグ・リンドベリは、コーゲのアシスタントとして試験的に雇われるとすぐに才能を認められ、欧州各地で研修を積んだのち、グスタフスベリ社の中心的なデザイナーとして活躍するようになった。

リンドベリは、四三年間にわたってグスタフスベリ社に勤務した。色彩豊かな陶器の花瓶やアートピース、「ベショオ（ベルサ）」「アダム」「エーヴァ」「スピーサ・リブ」「テルマ」などの食器シリーズ、プラスチック製品、パッケージ・デザインや百貨店の壁面装飾など、実に幅広く才能を発揮し、コーゲと並んで「国民の家のデザイナー」と称されている[1]。

グスタフスベリ社での仕事のほかに、スモーランド地方のガラス工房でアートディレクターを務めたり、ＮＫ《エヌコー》百貨店のテキスタイル部門で販売されたプリント生地のデザインを提供したりもした。一九四九年にはグスタフスベリ社のアートディレクターに就任し、後進の指導にもあたっている。

彼のもとで頭角を現したデザイナーの一人が、一九五四年に入社したリサ・ラーソン（Lisa Larsson, 1931～）だ。「小さな動物園」や「世界の子どもたち」といった愛らしい陶芸作品が彼女の代表作である。

一九世紀の前半に操業を開始したグスタフスベリ陶磁器工場は、ロールストランド社やウプサラ・エクビィ（Upsala Ekeby）社などとともにスウェーデンにおける陶磁器製造を牽引してきたメーカーである。一九世紀後半には数百人規模の従業員を抱え、安定して利益を上げていたが、二〇世紀に入ってからは設備投資に耐えきれず、一九三七年に消費協同組合連合（KF《コーエフ》）に買収された。このとき、陶磁器工場とその関連施設のほか、従業員が暮らしていた数多くの住宅もKFの手に渡っている。KFはこの時期、社民党政権が掲げる「国民の家」構想において重要な役割を果たしていたのだが、これについてはのちほど詳しく見ることにしたい。

さて、本章の冒頭でグスタフスベリ社を紹介したのは、社民党政権下のスウェーデンにおいて労働者向けの住宅建設がすす

ヴィルヘルム・コーゲ（左）とスティグ・リンドベリ（右）

スティグ・リンドベリ（左）とリサ・ラーソン（右）

むなかで、生活様式を刷新するための新たな試みの対象となったのが、この工場で働く労働者とその家族たちだったからだ。その仕掛け人はスロイド協会である。

第6章で見たように、一九四〇年代には労働者向けの機能的な集合住宅の建設が軌道に乗りつつあり、次なる課題として、機能的な住まいに適合する近代的な生活様式が模索されるようになっていた。

のちに詳しく見ていくが、一九四〇年代のスロイド協会は他の団体と連携しつつ、家事の合理化、趣味の向上を目指す教育活動に一層力を入れはじめていた。その取り組みの柱の一つとして、一九四三年に、グスタフスベリ社の従業員家族を対象とする住宅講座「住まいのサークル（bo-cirklarna）」を開始したのである。

スロイド協会がグスタフスベリで講座を開いた理由の一つは、食器などの家庭用品の製造に携わる労働者たちならば、住居や暮らし方についての学習になじみやすいだろうと想定されたからだった。講座は一〇週間にわたって開講され、これから住まいを構えようとする若い従業員が多く参加した。

この講座では、家具のそろえ方や配置の仕方、使いやすい間取り、照明やカーテンや敷物の色の合わせ方、効率のよい家事のすすめ方などが教えられた。受講者たちはスロイド協会が作成した教材をもとに互いに議論し、講座の最後には、入居前のアパートのインテリアを自らの手で整えるという実習がおこなわれ、実習の成果は展示会方式で一般に公開された(2)。

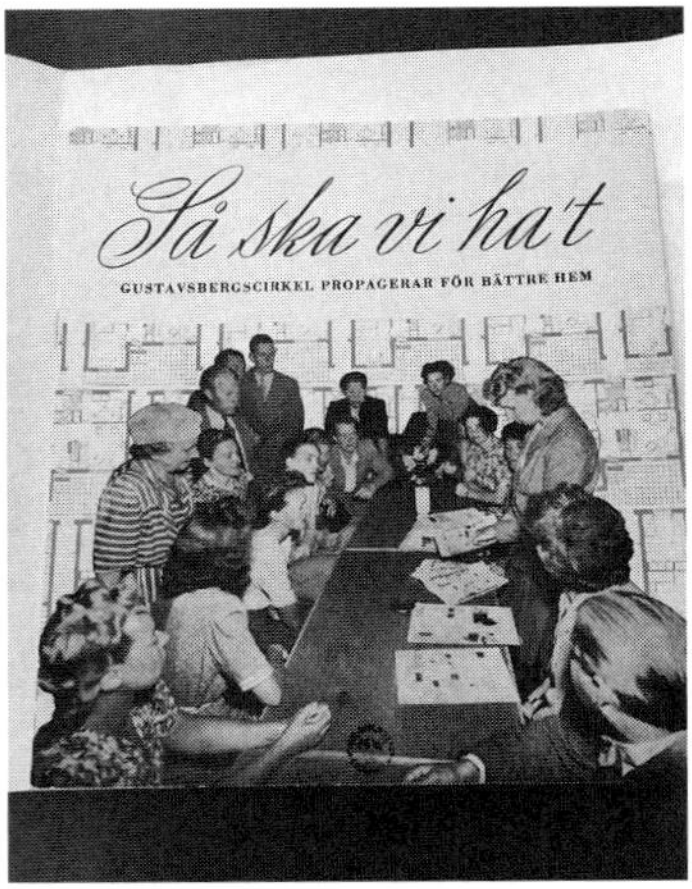

1945年に発行されたパンフレット『こんなふうに住みましょう（*Så ska vi ha't*）』の表紙

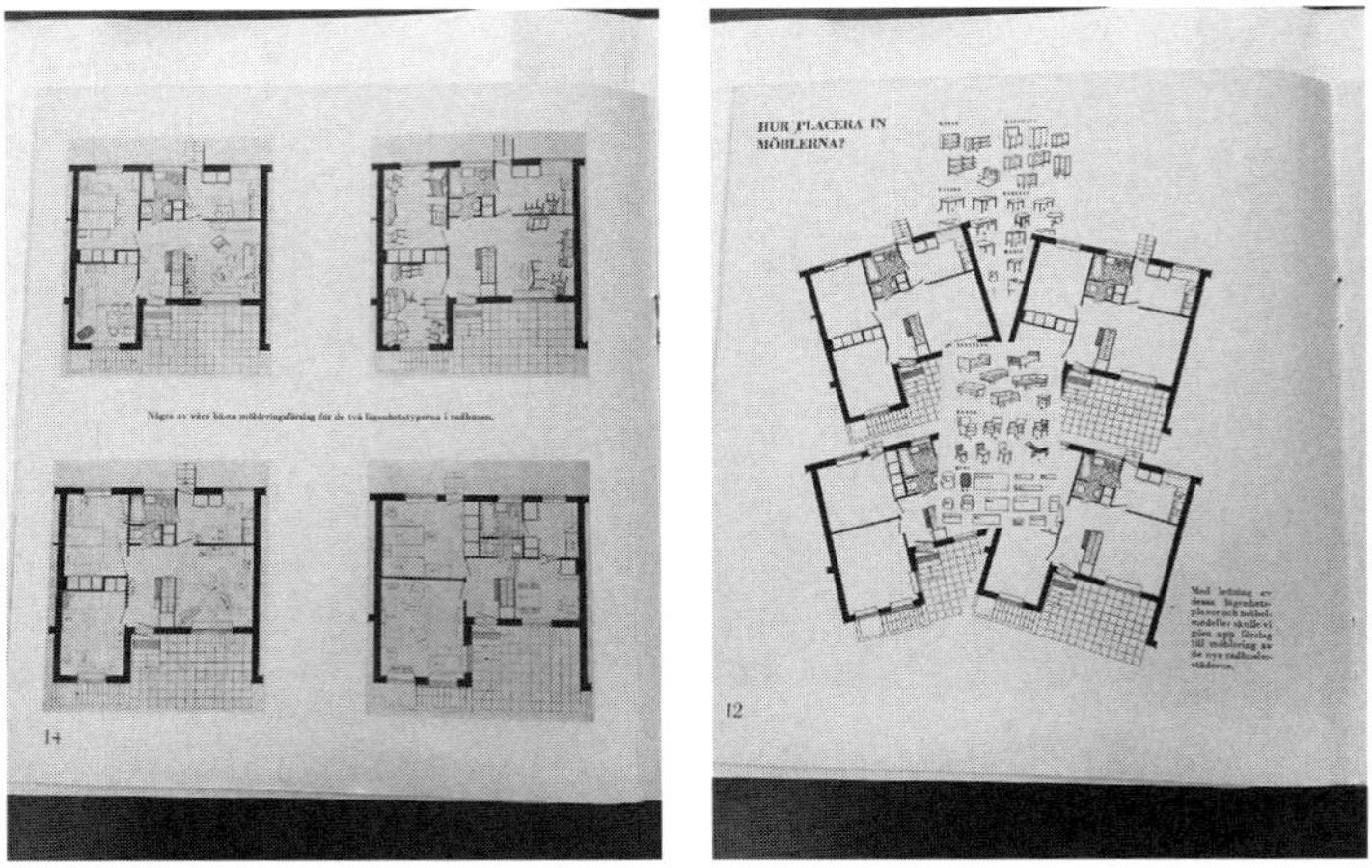

家具の配置を学ぶための教材の一部（*Så ska vi ha't*, s.12, 14）

グスタフスベリでの住宅講座の様子は、一九四五年に発行された『こんなふうに住みましょう（*Så ska vi ha't*）』という冊子にまとめられている。[3] この冊子は、住まいについての啓発活動を全国に広めることを目的としてつくられたものだ。グスタフスベリの取り組みは新聞や雑誌でもさかんに紹介され、スロイド協会には各地から指導の依頼が殺到したという。一九五四年までの一〇年間に、スロイド協会の関与によって開講された講座やサークルは全国で約三〇〇に上った。[4]

一九世紀からエレン・ケイやスロイド協会によって主張されてきた「趣味の向上」のための教育活動は、二〇世紀前半に多様な形態で展開されるに至り、一九五〇年代初頭にピークを迎えた。グスタフスベリの住宅講座は、その最盛期の取り組みの中心をなすものであったといってよい。

暮らし方の啓発

一九二〇年代までの住まいに関する啓発活動は、本や冊子の発行と、家具や日用品の展覧会を主な形態としていた。農村での穏やかな暮らしに近代的な彩りを加えたカール・ラーションの画集や、都市労働者の住まいの整え方を具体的に提言したエレン・ケイの著作、セルフビルドの住宅を奨励したラグナル・エストベリによる小冊子、各地で開催されたヘムスロイドの展示会、最先端の技術やデザインを集めた大規模な展覧会などを通じて、快適で美しい住まいのイメージが形成されてきた。

なかでも、スロイド協会が一九一七年に開催した住宅展覧会は、労働者階級の人々に向けて、シンプルな家具や食器を手ごろな価格で提供することを初めて明確に志向したもので、大きな反響を呼んだ。この展覧会には、エレン・ケイが提唱した「社会美」の構想が浸透していたといわれている。(5)

ケイは、物理的環境がそこに住む人の道徳的発展に直接的に影響を与えるとみなし、住まいを美しく整えることで、幸福で調和のとれた人間がつくられ社会の安定が維持されると考えた。そして、よりよい社会をつくるためにも、教育を通じて人々の趣味を向上させることが重要であると主張していた。

こうした思想は、スロイド協会を率いたグレゴール・パウルソンのもとで機能主義と合流し、目的に見合った合理的な造形を美しいとする価値観を生み出すとともに、機能主義的な建築とインテリアが民主的で公正な社会の形成を促進すると考えられるようになる。そのための手段として、「趣味の向上」のための教育活動が重視されたのだった。そして、そのような教育は、経済的な資源が限られている労働者階級の人々にこそ必要だと考えられた。(6)

一九二〇年代にさまざまな団体が労働者向けの住宅展覧会を開催したのは、こうした意識が社会に定着しつつあったことの表れだったといえる。展覧会は重要な教育の場だった。この時期、ストックホルムでは、スロイド協会、ＨＳＢ、ＫＦ、ストックホルム建築技術者協会などが連携しながら、毎年のように展覧会が開催されていた。

とくに、一九二七年にＨＳＢが開催した展覧会「ストックホルムの住まい（Stockholmshem）」は画期的だったといわれる。この展覧会は、ＨＳＢがクングスホルメンに新築した集合住宅のうちの一棟を家具付きの展示室としたもので、キッチン付き一部屋のアパート二〇戸にそれぞれ異なるインテリアが展示された。

各戸に設えられた家具は、狭いアパートに合うように開発された機能的なもので、ＨＳＢが新たに立ち上げた家具販売店で販売された。建物の一階にはＫＦが運営する商店がテナントとして入り、店内の商品配置も機能主義にもとづいてデザインされていた。インテリアの整え方だけでなく、新しい消費のあり方までもが啓発されていたといえる。この展覧会は大きな注目を集め、来場者は五万人に上ったという(7)。

一九二〇年代には、住まいについての啓発本もいくつか出版されている。なかでもよく読まれたのは、家具デザイナーのエルンスト・スポレーン（Ernst Spolén, 1880～1974）による『あなたの住まい（*Ditt hem*）』（一九二三年）と、同じく家具デザイナーであるカール・マルムステンの『住まいの美と快適さ（*Skönhet och trevnad i hemmet*）』（一九二四年）であった。社民党の「国民の家」構想が掲げられたのは、この後まもなくのことである。

第６章で見たように、一九三〇年に開催されたストックホルム博覧会で開花した機能主義は、まもなく政権に就いた社民党の住宅政策と結びつき、多大な影響力を発揮することになった。近代的な人々は近代的な住まいにおいて形成され、個人の民主化が社会の民主化と近代化の前提条件であるとする機能主義の考え方は、「国民の家」の建設を目指す当時の社民党政権と合致するものだった(8)(*)。

さらに、ミュルダール夫妻の一九三四年の著書『人口問題の危機』において、住宅の狭さが出生率と経済成長の阻害要因になると主張されたことにより、住まいへの社会的な関心は一層高まることになった。

住まいをめぐる思想史を研究するマリア・イェーランスドッテルは、この時期、家族の私的空間であるはずの住まいが、民主的な社会の担い手を育て近代化を促進するという役割を担うようになり、公共的な性格を帯びはじめたと指摘している(9)。

狭小な住宅での雑然とした暮らしは、家族の日常を圧迫しているだけでなく、社会的にも大きな不利益を生じさせるとみなされた。一九三〇年代以降、住宅の不足を解決することに加えて、人々の暮らし方を近代的に変えていくこともまた、国家的な課題であると認識されるようになっていたのである。

このことは、一九三八年の「住宅整備ローン制度」の導入にもつながった。この制度は、『人口問題の危機』におけるミュルダール夫妻の問題提起を受けて一九三五年に設置された人口委員会の提言によるもので、新婚の夫婦を対象として、生活に必要な家具や日用品の購入資金を低金利で貸し付けた。住まいが子育てに適した状態になっていれば、出産が促進されると考えられたのである。

そして、この制度を利用して啓発活動をより一層推進しようとしたスロイド協会の目論見によって、人々の暮らし方の刷新は一気に加速することになった。

一九三五年から一〇年間にわたってスロイド協会会長を務めたオーケ・スタベノウ（Åke Stavenow, 1898～1971）は、当時のあるインタビューにおいて、「私たちは、現代のスタイルを人々の意識に根づかせるために仕事をしています」、「私たちの目標は、スロイド協会が真の民衆運動になることです」と述べている(10)。

スウェーデンの民衆運動は、一九世紀後半以降、幅広い民衆を組織し、教育を通じて力を強め、社会の民主化を推し進める原動力となってきた。この時期のスロイド協会は、住まいをめぐる教育を通じて民主的で公正な社会の実現に寄与することを自らの使命とするようになっていたのである。

スロイド協会は、一九三八年に導入された住宅整備ローン制度を、こうした目標に迫るための格好のツールであると受け止めた。そして、この制度を所轄していた社会省に即座に文書を送り、ローン利用者に対して望ましい消費のあり方を指導することによって、趣味の向上、インテリア

（＊）ただし、機能主義の建築家たちが自らの目的を社会民主主義として語ったことは一度もなかったという（Rudberg（1998）s.82）。

の改善、家事の合理化をすすめることができると進言した。

社会省はすぐにこれに応じたわけではなかったが、スロイド協会は他の団体とも協力しながら独自の調査を実施し、住宅整備ローン制度の実態を政府に知らしめた。調査の結果明らかになったのは、制度の趣旨が利用者にほとんど理解されていないことだった。新築された機能主義住宅に入居した労働者家族の多くがローンを利用して購入していたのは、機能性の低い旧式の家具や生活必需品とはいえない蓄音機などだったのである。また、借り入れた資金を、過去に分割払いで購入した旧式家具の支払いに当てているケースもあった。

これを受けて社会省も腰を上げ、融資実行者であるスウェーデン中央銀行を介して、すべてのローン利用者に対し、インテリアの啓発パンフレット『住まいを整える（*Bosättning*）』を配布することを決めた。

パンフレットの作成を担当したのは、スロイド協会で活躍していたデザイナーのオーケ・フルト（Åke Huldt, 1910〜1988）と、家事の合理化についても造詣が深い建築家インゲボリ・ヴェルン＝ブッゲ（Ingeborg Wærn Bugge, 1899〜1991）であった。一九四四年に発行されたこのパンフレットは国内全土で大量に配布され、一九四八年と一九五五年には改訂版も出されている。

このパンフレットには、融資額の枠内で使いやすい住まいを造りあげるための具体的な方法が示されていた。古めかしい装飾のついた大きな家具、使いにくいソファベッドが置かれた薄暗い部屋の写真と並んで、機能的な伸長式テーブルや軽快なウィンザーチェア、スチールの寝椅子などを配置したシンプルなインテリアの写真が掲載され、「住まいの目的に合う家具を買いましょう」、「すべてを一度に揃える必要はありません」といった助言によって機能的な家具を慎重に選ぶことが推奨された。

こうした大規模な啓発活動を裏付けていたのは、スロイド協会らが一九三九年から実施していた調査である。この調査は、スロイド協会とスウェーデン建築家連盟が主導し、民間団体からの補助金や寄付、国からの補助金等を受けておこなわれたもので、住まいにおける空間の使い方、家具の選び方、子どもを取り巻く環境などの実態を明らかにすることによって、新たに建築される集合住宅の基準策定に資することが目指されていた。ここで得られたデータが、住まいをより快適なものにする具体的提案の基礎資料となった。

調査は、開始後まもなく勃発した第二次世界大戦（一九三九～一九四五年）によって一時中断されたが、一九四〇年に再開され、調査結果は雑誌記事やレポートの形で少しずつ発表された。

そのなかでもっともインパクトがあったのは、調査に参加していた女性運動の活動家ブリータ・オーケルマン（Brita Åkerman, 1906～2006）による報告書『住まいから巣立った家族（*Familjen som växte ur sitt hem*）』（一九四一年）[11]である。この報告書は、一九三〇年代に新築されたアパートに入居した家族の、空間利用の実態を明らかにしたものだった。

多くの家庭において、家族が主に過ごす部屋はきわめて雑然としていた。夜になると、折りたたまれた状態でどこかに詰め込まれていたベッドやマットレスを家族みんなで部屋に敷き詰めて眠る。子どもたちは、食卓の脇を寝場所としていることが多かった。

狭く薄暗いキッチンでは十分な作業はできず、母親ができ合いの料理を温めるのがせいぜいだった。子どもたちはキッチンの隅で宿題をすませ、大人たちが夜遅くまでおしゃべりをしたり、ラジオを聴いたりするなかで眠りに就く。一つしかないクローゼットにさまざまなモノが押し込まれ、トイレには汚れた洗濯物と掃除用品が積み重なっている。オーケルマンの報告書には、こうした生活実態の詳細がリアルに記録されていた(12)。

インテリアデザイナーのレーナ・ラーション(Lena Larsson, 1919~2000)もこの調査に参加していた。彼女が担当したのは、同じく一九三〇年代に建てられた集合住宅一〇〇世帯の訪問調査である。

彼女は、調査対象となった家庭の内部の様子を写真で記録し、それらの写真が大いに注目を集めることになった。とくに注目されたのは、大きな暗色の家具、祝祭用の装飾、客用のソファやオットマンなどが並ぶ客間の様子を映した写真である。

二部屋からなるアパートの多くでは、一部屋を居間とし、もう一部屋はこうした客間として設えられていた。家族は客間をほとんど使わず、全員が居間で寝起きしている。家族のための独立した寝室が設けられていたのは、一〇〇世帯中わずか九世帯のみだった(13)。全国各地に次々と建設されていた機能主義住宅の内部では、まったく機能的ではない空間利用がおこなわれていたのである。

調査に携わった人々は、客間を設けるという不合理な慣習が、家族の生活空間を圧迫していると結論づけた。オーケルマンは報告書のなかで、一九世紀末から知識人が取り組んできたインテリアの啓発は「いまだ民衆のところには届いていない」[14]と述べている。

ここから導き出された結論は明確だった。住宅を建設するだけでは、近代的な暮らしは実現しない。必要なのは、空間の適切な使い方を徹底して教育することによって、住まい方の慣習を刷新することだった[15]。

アパート内の一部屋を、客をもてなすための非日常の空間とすることは、実際には、労働者家族が古くから親しんできた慣習というわけではない。アパートの中に客間をもつのは、都市部の中産階級の住まい方である。労働者家族はそれを理想の家庭のあり方として模倣し、家族の居住空間を切り詰めてまで客間をもとうとしたのだった。

調査に携わった人々は、これを「不合理な慣習」と断じ、家族の日常生活に適した「合理的な利用」を啓発しようとした。労働者家族が客間に込めていた期待を否定し、同じ空間を別の用途に使用させようとしたわけである。

空間をどう意味づけ、どう利用するかは、家族ごとに営まれる生活様式の一部であり、どのような家庭を理想とするのかという価値観の表れでもある。これを「生活文化」と呼ぶとすれば、空間利用のあり方を変えさせようという試みは人々に生活文化の変容を迫るものであったといってよい。

家族の生活様式や理想の家庭をめぐる価値観を特定の方向に向かって変容させるのは、並大抵のことではない。どのような暮らし方を選択するのかという問題は、自分自身の生き方に直結する切実なものだからだ。

それでも、のちに見ていくように、結果としてスウェーデンの生活文化は刷新されたといえる。その要因は、大量生産技術を背景として人々の消費のあり方が変わりつつあったということに加え、住まいの改善が社会の民主化につながるという理念が、きわめて強力に宣伝されたからでもあるだろう。当時、さまざまな団体が連携・協力し、確固たる信念をもってこれに取り組んでいたのである。

一九四三年、スロイド協会は「民衆の幅広い層に向けて、家庭におけるよい日用品の意義と住まい方の慣習についての知識を広めること」(16)を目的として、協会内部に新部門を設置した。さらに翌一九四四年には、「事実と専門的知識に裏付けられた幅広い消費者啓発を通じて、家庭環境の基本的な要素についての知識を伝えること」(17)を目指し、スロイド協会、ＫＦ、ＨＳＢのほか、民衆教育団体や女性団体も参加して、「住宅委員会（Bo-kommittén）」と呼ばれる組織が立ち上げられた。主な活動は、住まいについての学習サークルや講演会、展覧会を開催することである。

住宅整備ローン利用者への啓発パンフレット作成やグスタフスベリでの住宅講座は、このような流れのなかで開始されたものだった。また、これらの活動に対しては、産業界や労働組合全国組織（ＬＯ）も資金援助をおこなっていた。

社民党政権が「国民の家」構想のもとで住宅政策に注力しはじめたころ、各種の民間団体も互いに連携を深めながら国との協力関係を構築し、生活の近代化に向けた取り組みに邁進していたのである。

消費者の力

先に述べたとおり、各種の教育活動のなかでもとくに注目を集めたのはグスタフスベリでの住宅講座だった。まもなく、この取り組みをモデルとして全国の産業都市で類似の講座が開かれるようになる。

こうした講座が対象としたのは、新築された集合住宅で暮らしはじめた若い労働者たちだ。各講座への参加者は一五人から二〇人ほどだったが、大規模な工場を構える地域では四〇名ほどに達することもあったという[18]。サークル形式でおこなわれる講座は、学習の場であると同時に、新しい土地で隣人と知り合うための社交の場でもあった。

講座の具体的な内容については、一九四四年から一九四七年まで講師として運営に携わったレーナ・ラーションによる回顧録に詳しい[19]。それによれば、初回の講座では、写真を使って昔ながらの住まいの様子と近代的なインテリアとを比べながら、住宅の変遷と現状について説明された。

その後、伝統的な家具と新しい製造技術、家具の配置の問題が扱われ、さらに、テキスタイルや敷物、照明、食器、装飾品などの基礎知識を得たうえで、さまざまなサンプルを用いて素材や色の選び方のトレーニングがおこなわれたという。

視聴覚教材を用いた講義やディスカッションが中心だったが、地元の商店に出向いて製品の良し悪しを検討したり、公共施設のホールなどをパーティションで区切って入居前のアパートに見立て、家財道具一式を配置したりする実習もあった。これは展覧会方式で一般に公開され、講座に参加しない人々への啓発の機会にもなった。

受講者の多くは、家具やテキスタイルについてさほど知識をもっておらず、写真やカタログで最新の製品を見たときの驚きは大きかったという。かぎられた空間を効率的に使うためには家具をどのように配置すればよいか、壁やドアの位置が家具の配置をいかに制約するか、部屋全体に統一性をもたせるにはどのような家具を選ぶべきかといったことを考えるのも、多くの人にとっては初めての経験だった。子どものころに身につけた住まい方の習慣を相対化する機会は、それまでほとんどなかったのである。

かつての農村では、家具やテキスタイルは買うものではなく、家族で手づくりするものだった。講座のなかでは、家具や日用品、織物などを巧みに仕上げる年長世代の器用さもしばしば話題に上り、昔ながらの素朴な道具に思いが馳せられることもあったという。講座のなかでの会話は、講師にとっても深い学びの契機になった、とラーションは述懐している。(20)

もちろん、受講者もさまざまなことを学び取った。ある受講者は、講座終了後、次のような感想を書き残している。

スウェーデンの人々は、自分が暮らす住まいに適した振る舞い方を、どのようにして身につけるのでしょうか。そう、住宅サークルでなら、手強《てごわ》い問題についての議論ができます。わが家の三歳児の睡眠時間は、どうしたらシフト労働者である父親の休息と折り合いを付けられるのか。子どもたちはどこで宿題をやるべきなのか。どこに母親の裁縫場所を設えることができるのか。

日常生活の問題は絶えることがありません。サークルでは、よくある間取りの欠点に気づくこともできました。たとえば、ドアの位置がよくないせいでソファや棚を壁に沿って置くことができなかったり、掃除用具入れがどっかりと場所をとっていたり、換気が横に流れたり、といったことです。

レーナ・ラーションが、安くて信頼できる家具や生地サンプル、照明器具が満載されたカタログを携えてやって来たとき、私たちの前に道が拓けました。私たちはこのとき、自分たちが恥ずかしくも無知であったことに気がついたのです。スウェーデンでいま何が起こっているのか、この先どうなるのかを私たちに知らせず、粗野で無知な状態に放置してきたのは製造業者と販売業者です。私たちは、色のくすんだ使い古しの、よどんだ沼地に沈められてきました。

私たちの感覚は、いままさに揺り起こされています。そして住宅の革命は、すぐそこに迫っているのです。[21]

こうした感想をもつ受講者は少なくなかったようだ。ラーションは、別の受講者たちから挙がった声として、「私たちは市場に影響を与えることができるのです。これからは、外で買い物をするとき、黙って引き下がったりはしません」、「家具屋で店員に意見をいいました。以前はそうしようとも、そうできるとも思わなかったのに」、「もっとも重要なのは、目を開かせるような学びを得ることです」といった発言も紹介している。[22]

受講者が講座を通じて得たのは、家具やインテリアについての知識だけではなかった。多くの受講者が、市場と消費のあり方について考え、ものの見方を変えていったことがここからうかがえる。

かねてより製造業者や小売業者の意識改革を目指してきたスロイド協会にとって、「趣味の向上」のための教育は、消費者が生産者に対して影響力をもつためにも重要だった。何が美しいのかを多くの人々が理解すれば、美しくない商品は市場から淘汰され、製造業者は美しい製品のみを生産するようになるはずだ。消費者は、深く考えることなく因習的に買い物をしてはいけない。自らの実際のニーズをよく考えてから、「適切な」品物を選ばなければならない。[23]こうしたことを啓発しようとしてきたスロイド協会にとって、住宅講座の受講者が消費者としての意識を変容させていったことは、大きな成果であった。

家事の合理化

住宅講座では、キッチンや子どもの居場所について扱うなかで、効率的な家事のあり方についても考察が深められた。その際には、家事の合理化を目指して活動する諸団体が紹介されることが多かったが、なかでも中心的に取り上げられたのは、一九四四年に設立された家庭研究所（ＨＦＩ）である。

ＨＦＩは科学的知見を用いて家事を合理化することを目指し、国からの補助金を受けて、一般家庭における家事や設備の実態についての調査・研究をおこなっていた（＊）。この研究活動に参加していたのは、家庭科教師、化学者、社会学者、建築家、エンジニアらである。主に研究の対象となったのはキッチン設備で、作業のしやすい寸法や、動線を効率的にするレイアウトなどが検討された。その成果は、スロイド協会やスウェーデン建築家連盟らによる調査結果とともに、のち

（＊）ＨＦＩは一九五四年に他の団体と統合したのち、一九五七年に「国立消費者問題研究所」と改称した。一九七三年には国家消費者協議会、および品質宣言委員会と統合し、消費者庁となった。

にシステムキッチンの製造における国家標準が形成される際の根拠となった。

家事の合理化については、これ以前にも、女性の地位向上を目指して活動するいくつかの団体によって取り組まれていた。たとえば、一九〇五年設立の消費協同組合「スヴェンスカ・ヘム」（第4章参照）や、一九一七年に設立された「家事合理化協会」などが知られている。

スヴェンスカ・ヘムは、食料品や総菜の販売と並行して、女性たちの家事負担を減らすための試みとして掃除機の貸し出しなどをおこなったほか、料理教室を開講したり、消費者雑誌を発行して家事に役立つ知識を啓発したり、家事についての本を集めた小規模な図書館を設置するなどの活動に取り組んでいた(*)。

思想史研究者のロンニィ・アンビョンソンは、スヴェンスカ・ヘムにかかわった女性たちは、人々が単なる受動的な消費者ではなく、能動的に社会に関与できることを示そうとしたのだと指摘しているが(24)、これらの教育活動はそうした意図を示すものだといえるだろう。

家事合理化協会でも、製造業者への働きかけや商店内の衛生状態の点検、家計の節約の呼びか

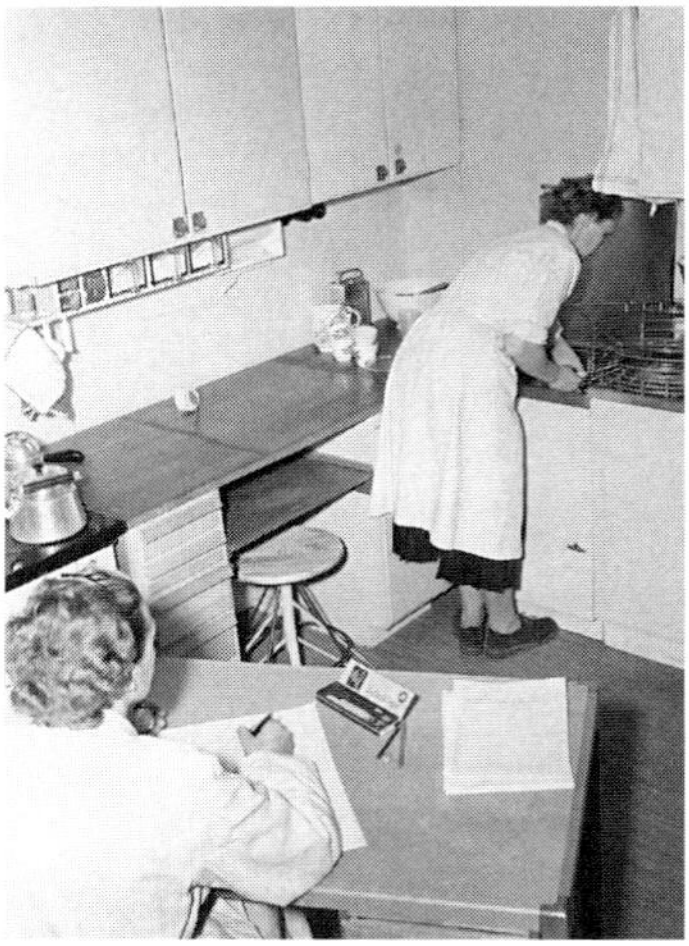

HFIによる調査の様子。一人の女性がキッチンで作業をおこない、別の女性が時間を計りながら記録をとっている

け、家電製品の研究・試用などがおこなわれた。加えて、家事や消費について助言・啓発をおこなう窓口を設置し、家事コンサルタントが多くの人の相談に応じていたという。こうした民間団体の活動を通じて、家事や消費に対する社会的な関心が徐々に高まっていったと考えられる。(25)

他方で、世界恐慌に苦しめられた一九三〇年代には、社民党の内部でも、国内産業の立て直しに際して家庭による消費に期待が寄せられるようになっていた。政府が市場を統制するのではなく、消費者が適正な商品を見定めることによって高品質の生産が促されるだろうという考え方である。

社会主義においては、生産手段の社会化（モノの生産に必要な設備や資源を資本家や企業が占有するのではなく、社会全体で共有・管理すること）が変革の中心的な指標とされるが、イヴォンヌ・ヒルドマンの表現を借りれば、この時期の社民党は、「消費を通じて生産手段を社会化することと」を意図していた。(26)一九四四年にＨＦＩが設立された際、政府がその活動を支援したのは、「国民の家」の実現にとって、家事の合理化と消費者の啓発が重要課題とみなされていたからにほかならない。

（＊）スヴェンスカ・ヘムの運営は約一〇年にわたって順調に進んだが、一九一五年にＮＫ百貨店が新しいビルでの営業を開始するにあたり、デリカテッセン部門を新設したことによって打撃を受けた。これ以降、売上は下降の一途をたどり、一九一六年にストックホルム消費協同組合に統合された。統合後は男性中心的な店舗運営に切り替わり、女性中心だったかつての運営方針は廃止された。

また、家事を主に担ってきた女性への眼差しも、徐々に変わりはじめていた。家庭での労働が効率化すれば、女性はより多くの時間を育児や生計を立てるための仕事にあてられるようになるだろう。家事合理化の推進は、女性を労働市場の新たな資源、あるいは緩衝材とすることをも視野に入れていたのである(27)。

スロイド協会もまた、こうした姿勢を共有していたといえる。一九四五年にスロイド協会一〇〇周年記念としてイェテボリ市との共催で開催された「もっと快適に住もう（Bo bättre）」展には、それが如実に表れていた。

この展覧会は、新たに開発された住宅地を会場として開催された大規模なもので、手つかずの自然が残る丘陵地であるグルドヘーデン地区がまるごと展示会場となった。イェテボリの中心部からはトラムで一〇分ほどの距離にあり、海をのぞむ絶景が見渡せる場所である。周到な開発計画にもとづき、ここに約六〇〇戸の住宅とそれを取り囲む広々とした公園、広場、公共施設が造られた。

集合住宅の配置、アパートの間取りや設備は、一九三九年以降の調査結果にもとづいて提案されたもので、約三〇戸のアパート内には、家具販売店や百貨店、消費協同組合連合（ＫＦ）などが自社製品を用いたインテリアを展示した。

また、地区の中心に位置する広場には、郵便局、映画館、商店、レストラン、子どもの遊び場、保育所、家事支援センターなどがあり、子どもの送り迎えやケータリングのサービス、機械化された共同洗濯室、職業紹介所なども置かれた。

アパート内の設えにも、公共施設で提供されるサービスにも、働く女性への配慮がふんだんに盛り込まれ、子どものための空間も十分に用意されていたが、実のところ、この計画を練ったのは、住宅調査にも携わっていた女性活動家のブリータ・オーケルマンである[28]。新聞などでは、こうした住まいは主婦が家庭でおこなうべき家事を軽視しているといった趣旨の批判も少なくなかったが[29]、展示会は概ね好評を得た。

「国民の家」のモデル地区のように設計されたこの地域は、啓発のための展覧会としての役目を終えたのち、各戸に住民を迎え入れて実際にコミュニティを形成していった[*]。ただし、その家賃は手ごろとはいいがたく、労働者階級の人々が入居するのは難しかったという。このことに対しても、少なからぬ批判の声が上がった[30]。

「国民の家」の内実を示すモデルはつくられたものの、配慮の行き届いた生活環境を誰にでも手の届くものにすることは決して容易なことではなかった。そうしたなか、人々の日常生活に根ざした取り組みによって変化を牽引したのは、一八九九年設立の消費協同組合連合（ＫＦ）である。

（＊）展覧会のカタログには、「グループ活動は、民主主義的な人々の成長を促進します。そのような人々は、他者と協力し、大きな、社会的な決定に対して共通責任を果たすことができるのです」と明記されており（Boman (1995) s.161）、こうした表現からも、この展覧会が「国民の家」の理念を体現するコミュニティの形成を視野に入れていたことが読み取れる。

「国民の家」の生活デザイン

デザイン史研究者のラッセ・ブルンストレームは、「一九三〇年代から一九七〇年代まで、平均的なスウェーデン人の人生は、それこそゆりかごから墓場までKF《コーエフ》とともにあったといっても過言ではない」(31)と述べているが、これは決して誇張ではない。実際、この時期に展開されたKFの活動は、スウェーデンの社会と経済に少なからぬ影響を与え、人々の暮らしのディテールをつくりかえるものだった。

たとえば、KFはスウェーデンにおける小売りシステムの近代化に貢献した。二〇世紀初頭までの流通業界はカルテルが横行し、裕福でない労働者家庭はつけ払いで商品を売ってくれる商店に対して立場が弱く、低品質の商品を適正ではない価格で購入させられても泣き寝入りするしかなかった。昔ながらの対面式の店舗のなかには衛生管理が行き届かないところも少なくなく、安全で新鮮な食料品を手に入れることは容易ではなかった。当時、こうした状況に対抗するために、労働運動と連携した消費協同組合が各地に設立され、独自の店舗の運営をはじめていた。

そのなかで、全国の消費協同組合をつなぐ立場にあったKFは、製造業者から商品を一括して仕入れ、各地の協同組合に卸すという役割を担った。協同組合の店舗の多くは「コンスム

（Konsum）」という名称に統一され、品質のよい商品を手ごろな価格で提供した。コンスムの店舗では、消費者の立場を弱めるつけ払いを根絶し、現金払いを定着させていくことも目指された。

また、初期には「コンスムビーレン（Konsumbilen）」と呼ばれる移動販売車が、人口密度の低い農村地域を走り回った。昔ながらの農村の商店は、これに打撃を受けて徐々に廃業し、その跡を埋めるようにして各地にコンスム店舗が造られた。一九二二年から一九三五年までの間に全国で約二〇〇〇店舗が開店し、一九三〇年代末には店舗数は四〇〇〇軒を超えた[32]。ピークは一九五五年で、八〇〇〇店舗近くにまで伸びている[33]。

ＫＦ加盟組合の会員総数は、一九五〇年代半ばに一〇〇万人を超えた。二〇一六年三月時点での会員数は三四二万五五六三二人で[34]、この数字は、子どもを含むスウェーデン全人口の三分の一を超えている。

一九四〇年代に、スウェーデンで初めてセルフサー

ストックホルムのCOOP店舗。コンスムは現在「COOP」の名称で、全国に約660の店舗を展開している

ビスのアメリカ式スーパーマーケットを導入したのもKFである。KFは、スウェーデンにおける「商店の文化」を変えたといわれている。[35]

全国のコンスム店舗には、各地の自社工場から、安全で良質かつ安価な商品が提供された。当初から商品供給をめぐって既存の製造業者と対立していたKFは、一九〇九年にマーガリン工場を買収したことを皮切りに、さまざまな種類の製造工場を次々と傘下におさめている。たとえば、製粉、製油、製パン、精肉、缶詰加工、コーヒーロースト、チョコレート製造、フルーツ加工、ビール醸造、テキスタイル、衣料、靴の材料となるゴム、食器、家具、衛生用品、家電製品などだ。一九三七年のグスタフスベリ陶磁器工場の買収もこれに含まれる。

KFの出資によって、新たに製造会社が設立されることもあった。一九四〇年以降は、石油販売や百貨店経営にも進出している。一九五〇年代半ばを過ぎるころには、KFは数多くの企業を傘下に置く国内最大のコンツェルンとなり、スウェーデン経済にきわめて大きな影響力をもつようになっていた。(*)

KFが製造にかかわったのは、主として食料品や家庭用品などの生活必需品である。生産過程では徹底してコストが抑えられ、品質が厳しく管理されただけでなく、無駄を省いた機能的なデザインが追求され、標準化がすすめられた。

こうした方針は、一九四三年創業の家具販売会社イケアに見られるものとよく似ている。(**)また、KFが二〇世紀半ばに売り出したオリジナルブランド商品のコンセプトや、わかりやすいシンプルなパッケージは、日本の「無印良品」と似ているところがある。

ＫＦ商品のパッケージや広告などを担当したのは、一九二六年にＫＦの傘下に入った広告代理店のスヴェア（Svea）社であった。スヴェア社は店舗の看板やショーウィンドウのデザインなども手がけ、展示会のプロデュースもおこなった[36]。スヴェア社による広告とグラフィック・デザインによって、ＫＦは一つのブランドとなっていった。

また、グスタフスベリ社にスティグ・リンドベリが勤務していたことも、ＫＦにとって幸運だった。彼は売れっ子のデザイナーとして、グスタフスベリの工場で製造されていた食器、衛生用品、プラスチック製品などの多くにかかわっていた。グスタフスベリの製品のほか、ＫＦ傘下の別の工場で製造されていたトランジスタラジオ、テレビ、テキスタイルなどにもリンドベリのデザインが採用され、大いに人気を博した。

ＫＦはさらに、建築の領域においても比類のない影響力を発揮した。スウェーデン全土にモダ

（＊）　ＫＦは一九七〇年代末から収益性の悪化に苦しむようになり、一九八〇年代から一九九〇年代にかけてほとんどの工場を売却して、活動の中心を小売業のみに切り替えた。この時期には、採算のとれないコンスム店舗を閉鎖・統合する一方で、アパレル販売会社や大手書店チェーン、通信販売会社などを買収している。

（＊＊）　クリストッフェションは、「ＫＦの取り組みのなかに、イケアと同様のものがあったというわけではない。既存の習慣や伝統や文化を方向転換するという、そのやり方が似ているのである」と指摘している（クリストッフェション（二〇一四＝二〇一五）一九八頁）。

ニズム建築が広く行き渡ったのは、全国に広がりつつあったコンスム店舗の設計のため、一九二五年にKFが設立した建築事務所（KFAI）の功績によるといわれている。

KFが自前の建築事務所をもつに至ったのは、ごく自然な流れであった。協同組合の理念に照らせば、商品だけでなく店舗も、無駄を省いた合理的なものである必要があるからだ。KFの内部では、一九二〇年頃から「店舗は明るく清潔でなければならない」という認識が定着していたという。

KFAIは数千に及ぶ全国のコンスム店舗の設計と内装を手がけたが、重要なのは、その活動が店舗設計のみに留まらなかったことである。KFAIは各地の工場、百貨店、レストラン、住宅のほか、学校や劇場といった公共建築なども数多く設計した。これによって、スウェーデン全土の都市と農村の景観が徐々に近代的なものに造り替えられていくことになったのである。

こうしたKFAIの活動には、またもやスロイド協会が関与していた。KFAIの設立をKFに進言したのは、当時、スロイド協会の会長を務めていたグレゴール・パウルソンと彼の同僚エル

設立当初のKFAIオフィス内の様子（1927年）

ストックホルム郊外スヴェドミューラ地区のコンスム店舗（1934年）

サ・グルベリだった。新進気鋭の建築家エスキル・スンダール（Eskil Sundahl, 1890～1974）をKFAIの主任建築家として推薦したのも、この二人である。

当時の建築界の主流は北欧古典主義で、スンダールの作風もそれに近かったが、パウルソンは、スンダールの明快で柔らかいタッチが、幅広い人々を対象とする協同組合運動に適していると考えたのだという[37]。

スンダールはまもなく、モダニズム建築家として名声を馳せるようになった。一九三〇年のストックホルム博覧会でも活躍し、一九三一年には、パウルソンやアスプルンドらとともに、機能主義こそ新しい時代の文化であると主張した『アクセプテーラ』の執筆にも加わっている。

機能主義建築の第一人者となったスンダールのもとでKFAIは徐々に規模を拡大し、一九三五年には、スタッフとして約七〇名の建築家を抱える北欧最大の建築事務所となっていた[38]。やがて若手建築家の修業の場としても機能するようになり、外国からも、多くの建築関係者がKFAIで仕事をするためにスウェーデンを訪れるようになった。

すでに明らかなように、KFAIの理念には、スロイド協会と社民党が共有していた機能主義への志向が当初から含みこまれていた。

KFAIの広範な活動が可能となったのは、長くKFの最高責任者を務めたアルビン・ヨーハンソン（Albin Johansson, 1886～1968）がそれを強力にサポートしていたからだったが、一〇代の頃から協同組合運動に身を投じてきたヨーハンソンは、「国民の家」を提唱した社民党のペール・アルビン・ハンソン党首の親しい友人でもあった。ハンソンもまた、若いころにマルメの消費協同組合で働いていたことがあったのだ[39][*]。首相となったハンソンが機能主義に共鳴していたこと、社民党幹部がモダニストの建築家らと密接な関係にあったことは、第６章で見たとおりである。

また、一九二四年に開設されたコンスム店舗スタッフの研修施設[**]では、パウルソンを講師として「よい趣味」についての講座が定期的に開催されていた[40]。店舗スタッフが豊富な商品知識や趣味のよい商品を見分ける力をもつことの重要性は、一九一九年に出版されたパウルソンの『より美しい日用品』でも強調されている。これもまた、消費者の趣味を向上させるための方法の一つだった。

協同組合の思想史を研究するペーデル・アレックスは、ＫＦは「合理的な消費者」を育てることに貢献したと述べている[41]。各地の消費協同組合では、設立当初から協同組合活動や家政に関する啓発活動が積極的におこなわれたほか、ＫＦは社民党や労働組合全国組織（ＬＯ）とともに一九一二年

ストックホルム郊外ビョルクハーゲン地区のセルフサービス店の内部（1948年）

1940年代のコンスム店舗のショーウィンドウ。オリジナルのコーヒーブランド「サークル・コーヒー（Cirkelkaffe）」がディスプレイされている

に労働者教育連盟（ＡＢＦ）の立ち上げにもかかわり、学習サークル活動を大規模に組織してきた。

また、一九一九年には通信教育事業に、一九二〇年代には出版事業にも参入して、国民の教養水準の向上に努めた。さらに、一九〇四年にＫＦが創刊した月刊誌は、商品知識や家事の合理化にまつわる記事を多く掲載しており、消費者教育のツールとして機能していた。そして、一九四〇年代にはＨＦＩと協力して研究活動にも取り組んだ。

他方で、標準化された機能的な店舗を建設し、店内のインテリアを美しく整え、無駄のないシンプルなパッケージに包まれた安全で良質かつ安価な商品を揃え、それらを綿密に規格化された棚やカゴに整然と並べるといったことも、物的環境を通じて消費者の意識に働きかける啓発活動であったといってよい[42]。

社会の変化が少しずつ実感されつつあった時期、多くの国民は新しい生活を切り拓くための教養を渇望していた。ＫＦが「国民の家」構想の牽引車として機能していたかどうかについてアレ

（＊）一九四六年にハンソンの後を引き継いで首相となったターゲ・エルランデル（Tage Erlander, 1901～1985）も、ヨーハンソンとは親しかったという。ＫＦは設立当初から政治的中立性を掲げてきたが、その成り立ちから考えても、社民党と特別に近い関係にあったことは明らかである。

（＊＊）この研修施設「Vår Gård」は、ストックホルム郊外の高級住宅地サルトシェーバーデンにあった邸宅をＫＦが買い取り、ＫＦＡＩが改築して開設した。現在は会議場・宴会場として用いられている。

ックスは判断を留保しているが(43)、こうした状況のなかで、ＫＦが広い範囲に刺激を与える役割を果たしたことは間違いないだろう。ＫＦは、消費をめぐる新しい文化を築いたのである(44)。

不合理な趣味と不自由な住まい

ところで、一九三〇年代後半以降には、芸術作品が人々の目に触れる機会も着実に増えていった。社民党政権で宗教大臣（現在の教育大臣に相当する）を務めていたアルトゥール・エングベリ（Arthur Engberg, 1888～1944）の主導のもと、一九三七年に、いわゆる「一パーセントルール」が導入されたのである。

これは、公共建造物の新築・改築の際に全体予算の一パーセントを芸術作品の購入にあてるというもので、芸術家の経済的自立を支えることによって芸術の発展を後押しするとともに、病院や学校などの公共空間を芸術作品で装飾することで人々の文化的素養を高めることが期待された。

他方、一九四〇年代には、スウェーデン最大の百貨店である「ノルディスカ・コンパニエット（ＮＫ《エヌコー》）」も、消費者の趣味を向上させようと試みていた。

ＮＫがとくに力を入れていたのは、家具とテキスタイルである。ＫＦと同じくＮＫも自社工場を開設していたが、ＮＫがターゲットとしていたのは、高品質な一級品を求める顧客だった。ただし、富裕層向けの高価な商品を販売していたＮＫでさえ、一九四〇年代にはシンプルな組み立て式のシリーズ家具を製造・販売していたことは興味深い[45][*]。ＮＫはデザイナーを直接雇用し、オリジナルなデザインの商品開発にも力を入れた[**]。

ＮＫでは、展示会のようにインテリアの実物を展示して販売する方法も早くから採用されていた。展示会は消費者啓発の手法として定着していたが、販売店もこれに倣い、売上の向上と消費者啓発をともに実現しようとしたのである。

そのほか、ＮＫはインテリア講座を開講したりもしている。消費者啓発はこの時代、一大ブームとなっており、あらゆる場所で講座や展覧会が開かれていた。

第二次世界大戦後の経済復興のなかで人々の購買力が向上すると、すぐれたデザインの商品が

（＊）この組み立て式家具は、平らなパッケージに詰められて配達された。組み立て式家具とフラットパッケージは、現在、イケアの代名詞のようになっているが、これをスウェーデンで最初に実施したのはＮＫである（クリストッフェション（二〇一四＝二〇一五）一九二頁）。ちなみに、ＮＫの組み立て式家具をデザインしたのは、建築家エリーアス・スヴェードベリ（Elias Svedberg, 1913~1987）と、彼のアシスタントを務めていたレーナ・ラーションおよびエーリク・ヴェルツ（Erik Wørts）である。レーナ・ラーションはスロイド協会の仕事をしたのち、ＮＫの家具販売部門に移った。ヴェルツは一九五八年にイケアに入社し、家具デザインを担当した。

（＊＊）ＮＫに雇用されていたデザイナーとして有名なのは、テキスタイル作家アストリッド・サンペ（次頁参照）である。彼女は一九三二年にコンストファックを卒業したのち、スロイド協会から奨学金を得て欧州各国で学び、一九三六年にＮＫに雇用された。

さらに多く生み出されるようになった。スウェーデン・デザインの名作といわれる作品の多くは、一九四〇年代から一九五〇年代に生まれたものだ。その象徴ともいえるのが、一九五五年にスロイド協会がヘルシンボリで開催した住宅展覧会「H55」である。

「H55」では、スティグ・リンドベリの代表作である「スピーサ・リブ」や「ドミノ」「テルマ」といったシリーズのほか、ヘッタ・ベングトソン（Hertha Bengtsson, 1917〜1993）の「コーカ・ブロー」、シグネ・ペーション＝メリーン（Signe Persson-Melin, 1925〜）によるコルク蓋のスパイスポット、NKのテキスタイル部門で責任者を務めていたアストリッド・サンペ（Astrid Sampe, 1909〜2002）によるテキスタイル・コレクションなどが発表された。これらは現在でも人気が高く、当時生産されたヴィンテージが数多く市場に出回っているほか、復刻版が生産されているものもある。

デザイン史研究者のイェーランスドッテルによれば、こうしたモダン・デザインが市場に定着しはじめるころには、「趣味の向上」という課題が意識されることは少なくなっていたという。(46) スロイド協会による住宅講座も、一九五〇年代を通じて徐々にその規模を縮小した。(47) 大量生産技術が発展したことにより、良質なデザインの商品が低所得者にも購入可能になり、日常生活の「美化」がすすむなかで、消費者啓発の焦点は趣味よりも商品の安全性や機能性に向けられるようになったのである。

さらに、それまで各方面から推し進められてきた「趣味の向上」プロジェクトそのものに対しても、厳しい批判の目が向けられるようになった。とはいっても、日常生活を美しく整えることによって、民主的で公正な社会の形成が促進されるという考え方に対して異議が申し立てられたわけではない。何を美しいとするのか、それを誰が決めるのかが問われたのである。

高度経済成長のなかで家計にゆとりが生まれた戦後期、消費のあり方は徐々に変化した。消費者は大量生産された商品を買い、それらを使い捨て、また新たな商品を購入する。消費は自らを表現するための手段の一つとなり、モノの選択はライフスタイルの選択に直結するものとなった。

インテリア業界の第一人者となっていたレーナ・ラーションはこうした変化を鋭く見抜き、一九六〇年の雑誌記事で、「長持ちするもの」がよい商品であるとはかぎらないという持論を表明した(48)。消費は今や人々の権利であり、より自由な消費が認められるべきだと主張したのである(*)。

彼女自身が一九四〇年代から一九五〇年代にかけて携わってきた消費者教育は、いわば知識人による啓蒙活動であった。ラーションは過去の活動への反省を込めて、何が正しくて何が間違っているのか、何が良いもので何が悪いものなのか、何が美しくて何が醜いのかを、一部の知識人が教え諭すことを批判した。

さらに、「趣味の向上」をめぐる一連の教育活動が、結果として「自由のない住まい」をつくる

(*)　ラーションによるこの記事は、ジャーナリストのヴィリー・マリア・ルンドベリ（Willy Maria Lundberg, 1909～2004）の著書『モノと好み（*Ting och tycken*）』への批判として書かれたもので、両者の論争は広く世間の注目を集めた（Robach（2002b）s.327, 658）。

りあげてしまったとも指摘し、こうした住まいは果たして民主的であるといえるのかと問いかけた。(*)

細部まで合理的に規格化された住居や、シンプルで機能的な道具や日用品が、家事を効率的にすすめるのに役に立つことは確かである。だが、住まいの広さに限界があるとしても、そこに何を置くのか、空間をどう使うのかを決めるのは、そこに住む人自身であるはずだ。昔ながらの装飾品や家族の思い出が詰まった家具など、機能的ではないが固有の価値をもつものは多く存在する。展覧会や講座への客足が減ったのは、機能主義者の知識人たちによる「よい趣味」の啓発が、美をめぐる観念の押し付けとみなされるようになったからでもあった。

美術史家のシッラ・ローバックは、「趣味の向上」のための教育活動は、主たる対象であった労働者階級の人々の意識を変えることはできなかったとみなしている。(49) 多くの知識人が合理的な空間利用をいくら啓発しても、多くの家庭には不合理な客間が残り、シンプルでも機能的でもない商品を求める客は絶えない。人々が求めた生活様式は、機能主義者のビジョンとは必ずしも一致しなかったのである。

このことについてローバックは、作家トーベ・ヤンソン（Tove Jansson, 1914〜2001）による「ムーミン谷の物語」を例に挙げて説明している。

ムーミン谷の住人であるフィリフヨンカは、広さは十分だがあまり心地よさを感じられない家に引っ越してきた。家の中をなんとか気持ちよくしようと彼女は奮闘するのだが、天井は高すぎ、窓は大きすぎて、どうやっても落ち着いた雰囲気にはならない。そこで、せめて「居心地のよい片隅」をつくろうと、陶器の置物や花瓶、レース編みや刺繍、貝殻などの小さな飾りものをあちらこちらに並べてみるのだ。(**)

どのような住まいに居心地のよさを感じるかは、人それぞれである。教育哲学者のオットー・フリードリッヒ・ボルノウ（Otto Friedrich Bollnow, 1903～1991）は、住まいの中にあるすべての物品はその人の生活の歴史を表現するものであり、「そこに居住している人間の表現」としての住まいが形成されることによって、人間は生の安定性を感じることができると述べている。(50)「居心地のよい片隅」に並べられるものは、機能的でも合理的でもないかもしれないが、自分自身を表現するために必要なのである。

シンプルで機能的なものは、確かにある種の美しさをもっている。だが、そうでなくても美しいものはある。人々の生活のあり方は一様ではなく、何を美しいとするか、何を価値あるものといったことも多様なのである。

（＊）ローバックによれば、同種の指摘はすでに一九四二年に機能主義の建築家ウーノ・オレーンによって表明されていた。彼は、著書『建築と民主主義（*Arkitektur och demokrati*）』において、「フンキス（機能主義住宅）」が美のモードとして定着したことによって、機能主義の根底にあった民主主義のビジョンは失敗したと述べている（Robach（2002b）s.327）。

（＊＊）ヤンソン（一九六三＝一九八三）『ムーミン谷の仲間たち』に収められた「この世のおわりにおびえるフィリフヨンカ」の章を参照。

するかも人それぞれだ。だが、たとえ美しさの基準が異なっていたとしても、何かを美しいと思う感覚は互いへの共感をもたらす。エレン・ケイはそれを「社会美」という概念で表し、その感覚を共有する社会を目指したのだった。

自由で民主的な社会のなかでつくりあげられる美には、いろいろな形があってよい。重要なのは、美を求めるすべての人の思いが尊重され、「美しい暮らし」の実現に人々が協力して取り組む社会をつくりあげることだろう。社会民主主義と結びついたスウェーデンの機能主義は、大規模な啓発活動とそれへの反発という経験を通じて、「社会美」の思想を改めて人々に投げかけることに貢献したといえるのかもしれない。

「趣味の向上」のための教育活動は、一九五〇年代以降、徐々に衰退した。とはいえ、良質なデザインを生み出す努力が勢いを失ったわけではない。本章冒頭で紹介したグスタフスベリ社でも、スティグ・リンドベリやリサ・ラーソンをはじめとする人気デザイナーたちが次々と新たな作品を発表した。そのなかには、機能性とは無縁のアートピースや、建物や景観に彩りを添える装飾作品も多い。デザイナーたちは、それぞれに多様な美を追求し続けてきたのである。

ミリオン・プログラムの功罪

さて、一九六〇年代に入ると、スウェーデンの住宅政策は新たな局面を迎える。一九六四年の社民党大会で提案された「住宅一〇〇万戸計画《ミリオン・プログラム》」が、翌年の国会で可決されたのだ。一九六五年から一九七四年までの一〇年間、毎年一〇万戸の住宅を新築するという計画である。

一九四〇年代から一九五〇年代にかけて住宅の供給はかなりすすんでいたが、それでも都市部の需要を完全に満たすことはできていなかった。長年の住宅不足問題に決着を付けることを期して、高度経済成長のただ中にあった一九六〇年代初頭に以後の需要を予測して一〇〇万戸の建築計画が立てられたのだ。

この計画のもとで、全国のあらゆる都市の郊外に、一〇〇〇戸超の住宅を有する大規模な団地が次々と建設されていった。開発された団地には、高層住宅、低層住宅、戸建て住宅がエリアごとに建てられた。全体の約半数は公営住宅会社や住宅協同組合などによる集合住宅、約三分の一は公営住宅会社などが供給する戸建てやテラスハウスで、民間の家主によるものも一割ほどあった。

新たに開発された郊外団地に向かって地下鉄やトラムが延伸され、道路網も整備された。どの地域でも、歩行者用の通路、自転車専用道、自動車道が分けて造られ、中心にはショッピングセンター、映画館などの余暇施設、教会や学校、医療センターといった公共施設が配置された。建物の間には公園や緑地が広がっている。その基本的な構成は、先に見たイェテボリのグルドヘーデン地区に似ている。

だが、こうした住宅地もやはり「国民の家」の理念を体現する舞台とはなりえなかった。ミリオン・プログラムにおける住環境の機能性は現在でも評価に値するが、コンクリート造りの無機質な集合住宅は当初から人気がなく、経済的な豊かさを手にした人々は、庭のある戸建てを求めるようになっていったのである。規格化された画一的な街並みも評判が悪かった。

さらに、ミリオン・プログラムはあまりにも規模が大きく、長期間に及ぶ計画だったため、景気の動向や人口変動にうまく対処することができなかった。その結果として供給過剰となり、未入居の空き住戸が少なからず発生したのだが、こうした空き住戸の一部が一九九〇年代以降に急増した移民の受け皿となった。

テンスタ地区内の自動車道路。一段高い所に歩行者用通路がある（1969年）

郊外団地には、低所得者や移民が集住する場所というイメージが定着し、やがて社会的・経済的格差の象徴とみなされるようになった。なかには、建物やインフラ設備の老朽化や、治安の悪化などによって、住環境としては劣悪だといわれているところもある。

とはいえ、ミリオン・プログラムによって建てられた郊外団地は、現在のスウェーデンの住宅全体の五分の一を占めている。住まいを必要とする多くの人々が、そこで生活を築いてきた。イメージがよくないのは確かだが、すべての郊外住宅が劣悪な環境にあるわけではない。また、どんなに荒れていようとも、そこではその場所に愛着をもつ人々がそれぞれの暮らしを営んでいる。たとえばそれは、次のようなイメージで語られる。

「そろそろ町なかで暮らそうとは思わないのか？」前回、アブドゥラの家に行ったとき、ザックは尋ねた。建物はかつてないほど荒れ果てていた。壁は落書き

ストックホルム郊外テンスタ地区の建設風景（1971年）

現在のテンスタ地区

だらけ。悪臭を放つゴミ袋が玄関ホールのドアの前に乱雑に積みあげられ、ガラスが割れた地下室の明かりとりの窓にはボール紙が張られていた。

　しかし、アブドゥラは首を横に振った。

「ここがおれの町だ。出てくなんてできねえよ」

　ザックにはその意味がわかった。

　アイデンティティーの問題だ。

　自分がどこに帰属しているかという問題だ。

　郊外に住む移民出身の多くの住民がそう感じている。彼らはスウェーデンを故郷などとは思っていない。かといって、両親の祖国も故郷とは思えない。だから、自分が育った場所に強く執着する。そこに深く根ざしているのだ。[51]

　自らが暮らす場所へのこうした思いを、不合理であると切り捨てるわけにはいかない。どこでどのように暮らすかということは、人間の自己形成と密接にかかわっているからだ。荒れた郊外団地を「浄化」しようとしたり、そこに暮らす人々に負のレッテルを貼ったりすることは、かれらのアイデンティティに切り込む行為となる。では、問題視されがちな住環境に対して、どういった対応ができるのだろうか。

　正しい回答があるわけではない。だが、「社会美」の思想に立ち戻れば、いくつかの事例に手がかりを見いだせそうな気もする。たとえば、郊外団地の規格化されたシンプルさや機能ごとに分離された地域設計に可能性を見いだした現代の建築家が、これまでとは異なる「新しい住みやすさ」を求めて斬新なリノベーションを施す活動をはじめている。(52) また、移民の多い地区において、第4章で紹介した二〇世紀初頭の地域活動「ヘムゴード」が新たに立ち上げられ、地域住民のクリエイティブな文化活動の場として定着しつつある。(53) その場所の固有性や場所への愛着を否定しないこのような取り組みもまた、「社会美」の追求の一つの形といいうるかもしれない。

終章　人と社会を育てる住まい

社会美と福祉国家

近代デザイン史研究においては、アーツ・アンド・クラフツ運動の価値観を受け継ぎ、モダニズムの精神を現実のものとすることができた唯一の国は、イギリスでもドイツでもなくスウェーデンであったと目されている。(1)

なぜ、スウェーデンでそれが可能となったのか。この問いへの答えとして本書で注目してきたのは、人々の共感を目指した「社会美」の思想と、協同的な結びつきを促進した諸運動である。

ヨーロッパの片田舎にすぎなかったスウェーデンでは、一九世紀後半から民族ロマン主義を拠りどころとして、豊かな自然美と、歴史に根ざした素朴な生活文化が称賛されるようになっていた。素朴さを美とみなす思潮は、一方で工業化のなかで追求すべき芸術性を規定し、他方では社会主義と結びついて「社会美」の思想を練り上げることになる。それと並行して、産業社会の過酷さに対抗するために、各方面で人々の協同的な取り組みがすすんだ。

こうした状況のなかで、建築家やデザイナー、製造業者、消費協同組合などが協力しながら、労働者向け商品の改良と大量生産に取り組んだ。それによってスウェーデンの近代産業デザインは大きく発展し、機能性のなかに伝統を織り込んだ「人間味のあるモダニズム」が国際的にも高い評価を得るようになったのである。

そして、同時期に政権に就いた社会民主党が、「近代的で調和のとれた住環境は、近代的な人間を育てる」(2)という考え方のもとでこうしたデザイン運動を支持し、かれらが提案する建築やインテリアの実例をモデルとして取り入れながら住宅政策を積極的に推進した。二〇世紀半ばまでに大量の住宅が建設され、そこでの住まい方を啓発する試みも多様に展開された結果、人々の日常生活は近代的に刷新されていくことになった。

スウェーデンでは、一九世紀末以降、ものづくりの改良、労働条件の改善、住宅不足への対応、文化活動や学習活動の支援、消費のあり方など、さまざまな問題をめぐって各種のアソシエーションが結成され、それらが領域横断的なつながりをもって互いにリソースを提供しあってきた。社民党政権が福祉国家の建設に向けて掲げた「国民の家」構想は、こうした運動が築き上げた基盤があったからこそ力をもちえたといえるだろう。

加えて、モダニズムの理念が国内各地に浸透していったのは、諸運動のネットワークを背景とする大規模な消費者教育運動によるものであったという事実も重要である。生活のなかに美を見いだすという観点は、景観保存運動や民衆教育運動を通じて広まった。また、住まい方を啓発するためにはじまった教育活動は、消費のあり方を見つめ直し、資本主義経済がもたらす社会的課題を日々の生活のなかから捉え返す姿勢を育んだ。

経済が成長するにつれてモノは豊富に提供されるようになり、便利で機能的な暮らしを営むことが可能になったが、「社会美」の思想は、自分の暮らしを自分の好みで彩ること、自分の生活様式を自分で選ぶことの重要性を説き、公正で平等な再分配を可能とする社会連帯を育むことを目指すものである。(3) その連帯を育むためにこそ、ケイは多様なアソシエーションによる民衆教育の運動を支援したのだった。

他方で、国民の高負担を前提とする福祉国家においては、国民が国家への帰属意識をもっていることがきわめて重要である。国民意識を育む国民形成の装置としての役割は、制度化された学校教育に期待されることが多いが、ナショナルなアイデンティティは、幼い頃から親しんできた景観や、地元の広場で季節ごとに開催される祝祭、伝統的な意匠を取り入れた日用品の造形に日々接することによっても育成されるものである。

本書で見てきたように、スウェーデンの住宅や日用品のデザインの背景には、ナショナリズムとも結びつく人間形成の思想が埋め込まれてきた。二〇世紀前半のスウェーデンでつくりあげられた生活デザインは、「国民の家」を支える国民形成の装置でもあったといえるだろう。

序章でも確認したとおり、日用品をデザインすることへの関心が高まったのは、工業化が進展し、新たな生活への対応が迫られた一九世紀後半以降である。デザインは人々の暮らしを豊かにするものでもあり、それを通じて人間をつくりかえ、さらに社会をつくりかえようとするものでもあった。(4)「人々の生活や環境をどのように変革し、どのような社会を実現するのかという問題意識を持ったプロジェクト」として現れた近代デザインは、(5)それ自体を「ひとつの教育形態」(6)とみなすことができる。スウェーデンの場合は、それが国家の政策と結びついていたわけである。

こうした試みは、スウェーデンにおいてのみ見られたことではない。二〇世紀前半の日本でも、生活環境を通じて人間をつくりかえようとするプロジェクトとして、官民の諸団体によって生活改善運動が展開されていた。生活改善同盟会は、「良民」をつくるためには「家庭の改良」、すなわち住居を整えることが重要であるという認識のもと、全国各地で開催された講習会や展覧会などを通じて国民の啓蒙に取り組んだのである。(*)

住環境と人間形成

では、住まいのあり方は、どのようにして人間形成に働きかけるのだろうか。日常的に目にする景観や空間編成、日々手にする道具や日用品は、いかにして人々の自己形成や社会へのかかわり方に影響を与えるのか。本書のまとめとして、このことについて若干の検討を加えておくことにしたい。

道具がどのように人間形成に関与するのかを実証的に解明することは、きわめて難しい。だが、「私がどんな人間でありどんな人間になりうるかという問題は、まさに私が毎日それを使って活動しているところの道具に依存しています。万年筆、鉋、ベルトコンベアなどは、それを使う人間を道具に応じた人間にします」[(7)]という指摘は、経験的に納得しにくいものではないだろう。

道具としてのモノの具体的なありようは、その道具の使用目的だけでなく、その道具を生産した人のもつ技術や、材質・デザインについての好み、生産動機などに応じて決められている。博物館教育を研究するミヒャエル・パーモンティエは、「モノは記号であり、その知覚はつねにその解釈を含んでいる」という。モノはその現象形式を通じて、「その形、その材質、その処理方法、その装飾で、生産や使用に関連した事柄について」、「それが生まれた文化、時代、生活世界につ

（＊）祐成保志は、日露戦争後に新たな政策の方向が模索されるなかで一九〇七年に内務省地方局有志によって執筆された『田園都市』に、「剛健なる精神は健全なる家庭に宿り、健全なる家庭はつねに整頓せる住居のなかに形成せらる。されば良民をつくるのみちは、まず家庭を改良するにあり、家庭の改良はまた実に住居を斉うるをもって第一義とす」という記述があったことに注目し、「改良」を進めるために「学校教育以外の場での啓蒙」が必要であると認識されていたことに注意を促している（祐成（二〇〇八）七六頁）。

いて」なにがしかを物語っている。(8)

そして、人間はモノに接するなかで、そのモノに込められた「記号としての意味」、すなわち、そのモノを取り巻く社会状況や文化（価値観、理念）を無意識的、瞬間的に知覚し解釈している。モノを使用するということは、そのモノが記号としてもっている意味を解釈し、それを受け入れるということでもある。

さらに、私たちはモノの使用を通じて、モノ記号を正しく理解する能力を育む。モノの意味を瞬間的に知覚し、それに則した「正しい振るまい方」ができるようになる（「モノの文法」を身につける）(9)のである。

空間についても同様のことがいえる。ある空間に居心地のよさを感じるのは、その空間の構成に付与された意味を無意識のうちに理解し、その「文法」に適合的な振るまい方を身につけているからだ。たとえば、哲学者の桑子敏雄は、かつての日本の住まいのあり方を例に挙げて次のように説明している。

戦後の高度経済成長の時代まで、日本の多くの家庭では、障子とふすまによって空間が仕切られていた。こうした空間では、ふすまの向こうに音や気配がすぐに伝わるため、落ちつけないと感じる人もいるだろう。だが、かつての日本人はそうしたことを気にしなかった。それは、このような空間で暮らすなかで、ふすまの向こうのプライベートな出来事は聞かないことにし、見ないことにするという高度な抑制を身につけていたからだ。障子とふすまの空間は、他者と自分との距離の測り方を教えてくれる高度な文化的装置だったのである。[10]

こうした空間がなくなるということは、他者に対する抑制的な振るまいを訓練するための装置を失うことを意味する。日常生活を送る空間のあり方が変われば、周りの環境の感知の仕方も変わらざるを得ず、身体的な抑制や振るまい方も変わっていくことになる。日常空間のあり方は、人間の自己形成に少なからぬ影響を与えるのである。

このように考えると、住まいの空間編成や日常的に目にする景観への愛着、それが変えられてしまうことに対して感じる反発、昔ながらの住居や道具が日常生活から姿を消していくことへの危機感といったものは、自らの感性やアイデンティティの方向性にかかわって生まれてくる感情であるといえる。

さらにいえば、モノを展示する博物館や美術館、景観を保存する郷土園などは、モノや空間の文法を身につけるための訓練施設としての側面をもっている。こうした施設はかねてよりナショナリズムの装置として用いられ、国民意識を形成する機能を果たしてきた。[11]

他方で、モノや空間のあり方に新たな意味を付与し、それを正当なものとして権威づけることを目指した近代デザイン運動や、国民の「趣味の向上」を目指して展開された啓発運動も、空間をつくりかえたり身の回りのモノを選んだりすることによって、自己の、あるいは他者の感性や身体をある方向へ水路づけようとする試みであったといってよいだろう。

どのような道具が「美しい」のか、どのような家具や壁紙を組み合わせれば「望ましいインテリア」ができあがるのかを啓発し、それを理解するための「正しい文法」を人々に教えようとした消費者教育においては、機能的合理性や経済性がそれを正当化した。スウェーデンの場合は、「社会美」の実現を目指した知識人らによるそうした啓発活動を、協同的な組織のネットワークが後押ししたのである。

空間への意味付与

ところで、モノや空間のあり方に特定の意味を付与し、それを正当なものとして権威づけることを目指す試みについて検討する際、問題となるのは、そのような意味づけが誰によって、どのようになされるのかということである。

一九世紀末のスウェーデンに登場した野外民俗博物館は、民族ロマン主義者が、衰退しつつあった農村の生活文化を価値あるものとして意味づけ、それを人々の感性に刻み込むことを目指して造りあげた空間であったといえる。

住まいの内部もまた、こうした空間として編成されうる。これについて、アメリカの家事アドバイザーの歴史を検討したサラ・A・レヴィットは、「家具やカーテン、浴室備品そのものに、倫理的な特質や特徴があるわけではない」が、「家庭生活をどうするかというアドバイスやマニュアルが、これらの物質に文化的な意味と特徴とを与える」と述べたうえで、「それにどんな意味を持たせるかについて、一体誰が決めているのかが問題なのである」と指摘している(12)。

レヴィットによれば、一九世紀後半のアメリカに登場した家事アドバイザーたちは、本や雑誌、モデル住宅などを通じて、家庭で家事を担う女性たちに「文化的理想」を示し続けてきた。その影響力は現在も衰えていない。影響力のある媒体によって「望ましい」とされたものは、誰がどのような理由でそれを「望ましい」としたのかは見えないまま、支配的文化として日常生活の空間に徐々に浸透していく。

実際のところ、アメリカの家事アドバイザーたちは、家庭を維持するという役割を適切に果たすよう女性たちを説得するために科学的な説明を用いたり、手仕事の重要さを伝えるためにアーツ・アンド・クラフツの理念を紹介したり、急増した移民の家庭をアメリカ化するために家事マニュアルをつくったり、女性が政治的な場で声をあげるのを助けるために家庭のルールや規則を提案したりしてきた。

スウェーデンにおいて「美しい日用品」や機能主義住宅の普及を主導した人々や、それを支持し、家事の合理化を推進した政府の意図についても、同様の観点から読み解く必要がある。かれらの意図は、近代産業社会をできるだけ公正で平等なものにすること、そうした社会を支える近代的な個人を育てることにあった。そのために、人間形成に影響を与えうる住まいに着目し、その「望ましいあり方」を啓発しようとしたのである。

「育ちの場」に見る発達文化

ただし、レヴィットが指摘するように、家事アドバイザーが、あるいは「美しい日用品」のイデオローグたちが書き残してきたのは、「文化的理想」や「望ましいあり方」であって「文化的現実」ではない(13)。つまり、かれらの示した理想は、必ずしもそのまま家庭で実践されてきたわけではない。

多くの場合、家庭においてはエスニシティ、宗教、地域性などに根ざした空間構成が試みられるものである。たとえば、設計者やデザイナーの意図に反するような空間やモノの使い方、室内の装飾の仕方や日用品の選び方などに、家族が受け継いできた文化の一端が表現されていたりする。

それらは、自分たちのルーツを確認しアイデンティティを維持するための文化的な実践であり、強い影響力をもって外部から入り込む支配的文化と混ざりあいながら、住環境を構成する諸要素に人間形成上の意味を付与し、そこに暮らす人々の感性を方向づける。こうした作用は、日常生活のなかに埋め込まれた「インフォーマルな人づくり」であるといってよい。

近代教育学はフォーマル教育としての近代学校を主たる検討対象としてきたが、そこでは、こうしたインフォーマルな人づくりの営みのなかで伝達されてきた価値や文化、人間形成をめぐる人々の思いや葛藤の多くは見落とされがちだ。このような状況に対し、人間形成の諸要因を視野に収めることを目指して提唱されたのが「発達文化」という概念である。

この概念の提唱者である関啓子によれば、発達文化とは、生まれてから老いるまでの過程で「そのつどそのつど意思を持って自分を表現すること。自分の生き方を決め、それを社会的に実現していくこと」にかかわるものである。[14] どのような自分になりたいか、そのために何をするのか、そこに周囲の環境はどうかかわるのか。その構想と手立てが発達文化であり、それは自らが属する生活文化に立脚している。そして、「学校とそれを制度化する国家だけではなく、民族や言語や宗教を軸としながらも、それが交錯する地域社会において、[15]歴史、伝統、イデオロギー、風景、道具などさまざまな要素が複雑に絡み合ってつくりあげられる」ものである。

景観の人間形成作用を重視する関は、「育ちの場の考察が発達文化の解読に欠かせない」[16]と述べたうえで、その具体例として宗教的シンボルである建造物に言及しているが、家族の生活文化を反映して構成される「育ちの場」としての住まいも、さまざまな要素が織り込まれた発達文化の一つの様態として重要な分析対象であるといえる。

すでに見たように、「育ちの場」としての住まいのありようは、社会によって示される「正しい」モデルから影響を受ける。多くの場合、そのモデルは抗い難い魅力をもち、家庭の内部に深く浸透して家族の生活文化を変容させていく。近代家族史の観点から日本の住宅史を研究してきた西川祐子の「住まいは私領域ですが、私領域こそ政治経済、そして思想闘争の場なのだと思います」(17)という言葉は、このことを端的に表している。

こうした西川の見解を受けて、住宅をめぐる社会史を研究する祐成保志は、「空間を飼い慣らして、自分の生きる場所にしていく」ことを意味する「ドメスティケーション」の概念に言及しながら、「与えられた空間を自分の『家』にしていく行為」、「ある集団がある地域を自分たちの『まち』にしていく」行為、「国家が国民を形成すること」など、複数の水準でドメスティケーションが生じていることを指摘し、それぞれが交渉し闘争する過程として住まいの形成をとらえることを提唱している。(18)

「空間を飼い慣らして、自分の生きる場所にしていく」ことは、自己実現のために自分と周囲の環境との関係を調整していく行為の一部である。「育ちの場」から発達文化を解読するということは、こうした交渉の過程を読み解くことにほかならない。

本書では、居住空間の編成をめぐる交渉の過程の一端を、福祉国家形成期のスウェーデンで展開した近代デザインの思想と運動から読み解くことを試みた。そこから見えてきたのは、公正で平等な社会を求める人々が、その手段として一つの「文化的理想」をつくりあげ、それが人々の住まいと暮らし方の変化を強力に方向づけてきたことであり、また、そのなかにあって、人々がそれぞれに「自分の生きる場所」をつくりあげてきたという「文化的現実」である。

遠く離れた社会でスウェーデン生まれのデザインを消費する私たちは、そのデザインを通じて知らず知らずのうちに、ある「文化的理想」を受け取っている。果たして、それを受け取った私たちの「文化的現実」は、どのような交渉を経て、どのように変わりつつあるのだろうか。そしてそのなかで、私たちの感性はどのようにつくりかえられようとしているのだろうか。その答えは、おそらく北欧好きの人々の住まいと暮らしのなかに示されているはずである。

あとがき

スウェーデンの労働者教育を研究してきた筆者が住まいやデザインについて考えるようになったきっかけは、二〇一〇年夏に滞在したスウェーデン最北部ノルボッテン地方の小さな村で、ストックホルムとほとんど違いのない住まいのありようを垣間見たことだった。

この村は、首都から遠く離れた北の最果てともいってよい所で、周囲をダイナミックな大自然に囲まれてはいたが、建物や住まいのインテリアはとても洗練されており、ストックホルム郊外の田園都市とほとんど変わらないように思えた。素朴なログハウスや伝統的な手工芸品なども見かけたが、雑然とした感じはまったくなく、モダンな家具や日用品と絶妙なバランスで組み合わされていた。

国の隅々にまで豊かさが行き届いているかのように見えるこの均質性は、スウェーデン福祉国家の到達点なのか、あるいは統制の結果としての没個性なのか。この国の人々は、町の景観や住まいを整えることに長けているように思えるが、それは福祉国家とどのような関係にあるのか——こうしたことを考えながらノルボッテンを後にした。

その頃に手がけていた前著（『生涯学習社会のポリティクス』新評論、二〇一一年）では、エレン・ケイが社会改良への期待を込めた民衆教育の展開を福祉国家形成とのかかわりにおいて理解することを目指したのだったが、右記のような疑問が浮かんだことで、前著では手を付けることができなかったケイの社会美の思想が、スウェーデン社会を理解するうえできわめて重要なテーマであることに気づかされることになった。この思想がスウェーデン社会でいかに受容され、その後の社会形成にどのような影響を与えたのかを探りたいと思った。

　本書の構想を練る際に大変助けになったのは、二〇一四年にスウェーデンのデザイン史研究者サーラ・クリストッフェション氏が出版した *Design by IKEA: A Cultural Hisotry*（London: Bloomsbury、拙訳『イケアとスウェーデン――福祉国家イメージの文化史』新評論、二〇一五年）である。同書のおかげで、福祉国家と現代のイケアが、そしてエレン・ケイの思想とスウェーデン近代デザインがどのような線でつながっているのかが少しずつ見えてきた。こうして探りあてた線を、北欧デザインを愛好する方々とぜひ共有したいと思いながら本書を書いた。

「パンと薔薇（Bread and Roses）」という労働運動のスローガンがある。一九一〇年代にアメリカで生まれたもので、パンは生活を成り立たせるための収入を、薔薇は人間として生きるための尊厳を表している。

　本書の執筆中、頭のなかに「労働者はパンを必要とするが、薔薇もまた必要なのだ」というフレーズを思い浮かべることがたびたびあった。スウェーデンの社会民主主義を支えてきた労働運動や消費協同組合は、パンと薔薇をともに追求してきたのだろうと思う。住まいを心地よく設えることは、人間として豊かに生きるために必要な薔薇なのかもしれない。そして、すべての人にそれを保障する社会をつくりあげるためには、「社会美」的な連帯が必要なのだろう。

エレン・ケイは、民衆教育によってそれをつくりだせると考えた。その思想を受け継いだ人々は、建築やインテリアのデザインを通じて人々を啓発しようと試みた。その具体的な展開は本書で見たとおりだが、改めて、スウェーデン福祉国家の奥深さと、民衆教育運動の基盤のうえにつくりあげられた「学習社会」の層の厚みが見えてきたように思う。

本書を準備する過程でデザインや建築については懸命に勉強してきたつもりだが、至らなさゆえの間違いがあるかもしれない。お気づきの点をご指摘いただけるとありがたい。本書の構想段階では、比較発達社会史研究会の皆様から多くのご助言をいただいた。さまざまな機会にご意見をくださった方々、執筆を励まし続けてくれた友人と、今回も出版を快くお引き受けくださった株式会社新評論の武市一幸さんに心から御礼を申し上げたい。また、本書の出版にあたっては、一橋大学後援会武山基金より出版助成を受けた。関係の方々のご尽力に感謝申し上げたい。

二〇一八年七月

太田 美幸

主要年表

1844	日曜製図学校（のちのコンストファック）開校	第2章
1845	スウェーデン・スロイド協会（のちのスヴェンスク・フォルム）設立	第2・5・6・7章
1851	ロンドン万国博覧会	第2章
1859	『家庭雑誌』創刊	第2章
1866	ストックホルム芸術・産業博覧会（第一回北欧芸術・産業博覧会）	第2章
1872	第二回北欧芸術・産業博覧会（コペンハーゲン）	第2章
	ストックホルム工芸博物館開館（1884年閉館）	第2章
1873	ウィーン万国博覧会	第1章
	スカンディナヴィア民俗コレクション（のちの北欧博物館）開館	第1章
	協同組合「労働者住宅協会」設立	第4章
1874	ハンドアルベーテッツ・ヴェンネル設立	第2章
1880	ストックホルム労働者協会設立	第3章
1884	フレドリーカ・ブレーメル協会設立	第4章
1888	第三回北欧芸術・産業博覧会（コペンハーゲン）	第2章
1889	社会民主党結成	第4章
1891	スカンセン開園	第1章
	株式会社「ストックホルム労働者住宅」設立	第4章
1892	持ち家協会（FEH）設立	第6章
1897	ストックホルム博覧会（第四回北欧芸術・産業博覧会）	第2・3・5章
	ストックホルム市当局による労働者住宅状況調査	第4章
	ストックホルム市当局がスタッツハーゲンに簡易住宅を建設	第4章
1898	労働組合全国組織（LO）設立	第4章
1899	スウェーデン・ヘムスロイド協会設立	第2章
	『ある住まい』（ラーション）刊行	第3・5章
	『美をすべての人に』（ケイ）刊行	第3・5章
	消費協同組合連合（KF）設立	第4章
1900	『大農場』（フォシュルンド）刊行	第1章
1903	ソーシャルワーク中央連盟（CSA）設立	第4・5・6章
1904	持ち家ローン国家基金導入	第6章
1905	スヴェンスカ・ヘム設立	第4・7章
	『ある住まい』（エストベリ）刊行	第5・6章
1906	『民衆教育の仕事』（ケイ）刊行	第3・5章

1907	ミュンヘンにてドイツ工作連盟結成	第５章
	移民流出防止全国協会（NME）設立	第６章
1909	ガムラ・エンシェーデ地区（スウェーデン初の田園都市）造成	第６章
1912	ビルカゴーデン設立	第４章
	スウェーデン・ヘムスロイド協会連合（SHR）設立	第２章
	労働者教育連盟（ABF）設立	第４・７章
1914	第一次世界大戦勃発（1918年終戦）	第５・６章
1916	スウェーデン景観保存連盟設立	第１章
	ストックホルム住宅協同組合（SKB）設立	第６章
1917	住宅展覧会（リリエバルクス・ギャラリー）	第５・７章
	各都市で公営住宅会社設立	第６章
1919	『より美しい日用品』（パウルソン）刊行	第５・７章
	ワイマールにてバウハウス設立	第３章
1923	ストックホルム市庁舎（エストベリ）竣工	第５章
	借家人住宅貯蓄協会（HSB）設立	第６・７章
1925	パリ万国博覧会	第５章
	消費協同組合連合（KF）が建築事務所（KFAI）設立	第７章
1928	ストックホルム市立図書館（アスプルンド）竣工	第４・５章
1930	ストックホルム博覧会	第５・６・７章
1931	『アクセプテーラ』（パウルソンら）刊行	第５・６・７章
1932	社会民主党長期政権樹立	第６・７章
1934	『人口問題の危機』（ミュルダール夫妻）刊行	第６・７章
1937	消費協同組合連合（KF）がグスタフスベリ社買収	第７章
	「1パーセントルール」導入	第７章
1938	住宅整備ローン制度導入	第７章
1939	第２次世界大戦勃発（1945年終戦）	第７章
1943	グスタフスベリで住宅講座開講	第７章
	イケア創業	第７章
1944	パンフレット『住まいを整える』発行	第７章
	家庭研究所（HFI、消費者庁の前身）設立	第７章
1945	展覧会「もっと快適に住もう」（イェテボリ）	第７章
1955	住宅展覧会「H55」（ヘルシンボリ）	第７章
1965	ミリオン・プログラム始動	第７章

Stockholm: Stockholms stadsmuseum.

Stockholms Stadsmuseum (1990) *Kungsholmen östra: byggnadsinventering*, Stockholm: Stockholms stadsmuseum.

Stockholms Stadsmuseum (1991) *Kungsholmen västra: byggnadsinventering*, Stockholm: Stockholms stadsmuseum.

Stockholms Stadsmuseum (1998) *Stadshagen: kort beskrivning av områdets historia*, Stockholm: Stockholms stadsmuseum.

Ström, Stefan (2005) *Befolkningen i Stockholm 1252-2005*, Stockholm: Utrednings- och Statistikkontoret.

Thörn, Kerstin (1997) *En bostad för hemmet: idéhistoriska studier i bostadsfrågan 1889-1929*, Umeå: Umeå universitet.

Wester, Anna (2004) *Hjältinna i folkhemmet: normer och ideal i Morgonbris 1932-1939*, Stockholm: Ekonomisk-historiska institutionen, Stockholms universitet.

Wickman, Kerstin (1995) Hemutställningen på Liljevalchs1917, i Wickman, Kerstin red., *Formens rörelse: Svensk Form genom 150 år,* Stockholm: Carlsson.

Åhrén,Uno (1942) *Arkitektur och demokrati,* Stockholm: Kooperativa Förbundet.

Åkerman, Brita (1941) *Familjen som växte ur sitt hem*, Stockholm: Hyresgästernas förlagsbolag.

Östberg, Ragnar (1905) *Ett hem: dess byggnad och inredning*, Stockholm: Albert Bonniers Boktryckeri.

Kerstin red., *Formens rörelse: Svensk Form genom 150 år,* Stockholm: Carlsson.

Rudberg, Eva (1998) Den tidiga funktionalismen: 1930-1940, i Caldenby, Claes red., *Att bygga ett land: 1900-talets svenska arkitektur,* Stockholm: Byggforskningsrådet.

Rudberg, Eva (1999) *Stockholmsutställningen 1930: modernismens genombrott i svensk arkitektur,* Stockholm: Stockholmia förlag.

Rudberg, Eva (2010) Building the Utopia of the Everyday, in Mattsson, H. & Wallenstein, S.-O. eds., *Swedish Modernism: Architecture, Consumption and the Welfare State,* London: Black Dog.

Rundquist, Angela (1995) Nationella former och ideala normer, i Wickman, Kerstin red., *Formens rörelse: Svensk Form genom 150 år,* Stockholm: Carlsson.

SCB (2010) *Statistik årsbok för Sverige 2010.* Örebro: Statistiska centralbyrån.

Selén, Ivar (1968) Från Saltmätargatan, Barnhusgatan och Klara norra krykogata, i Leander, Sigrid red., *Folkbildningsminnen: minnesanteckningar till folkrörelsernas och folkbildningsarbetets historia,* Karlskrona: Axel Abrahamsons Boktryckeri.

Snodin, Michael & Stavenow-Hidemark, Elisabet eds. (1997) *Carl and Karin Larsson: Creators of the Swedish Style,* London: Bulfinch Press.

Stockholms Stadsmuseum (1974) *Birkastaden, Röda bergen, Rörstrand : byggnadsinventering 1973,* Stockholm: Stockholms stadsmuseum.

Stockholms stadsmuseum (1977) *Gamla Enskede: byggnadsinventering 1974,* Stockholm: Stockholms stadsmuseum.

Stockholms Stadsmuseum (1988) *Nordöstra Vasastaden: byggnadsinventering byggnadshistorisk inventering 1975-1988, importerade renässansens utveckling till inhemsk form*, Stockholm: Norstedt.

Paulsson, Gregor (1919) *Vackrare vardagsvara: Svenska Slöjdföreningens första propagandapublikation utgiven till Svenska Mässan i Göteborg 1919*, Stockholm: Svenska slöjdföreningen.

Paulsson, Gregor (1968) Min väg till konstvetenskapen, i *Uppsala universitets konsthistoriska institutionen femtio år*, Uppsala: Uppsala universitet.

Paulsson, Gregor (1974) *Upplevt*, Stockholm: Natur och kultur.

Persson, Mats (1985) *Agnes Lagerstedt och Stockholms Arbetarhem i kvarteret Storken*, Stockholm: Stockholms stadsmuseum.

Qvist, Gunnar (1960) *Kvinnofrågan i Sverige 1809-1846*, Göteborg: Göteborgs universitet.

Rentzhog, Sten (2007) *Open Air Museums: the history and future of a visionary idea*, Stockholm: Carlsson.

Riksantikvarieämbetet (2017) *Räkna med kulturarvet: Kulturarvets bidrag till en hållbar samhällsutveckling*, Stockholm: Riksantikvarieämbetet.

Robach, Cilla (2002a) Design for Modern People, in Widenheim, Cecilia ed., *Utopia & Reality: Modernity in Sweden 1900-1960*, New Haven: Yale University Press.

Robach, Cilla (2002b) Den goda smaken, in Danielson, Sofia red., *Konsten 1915-1950, Signums svenska konsthistoria*, Lund: Signum.

Robach, Cilla (2003) Gustavsbergsbussen kommer, i Linder, Karin red., *Gustavsberg - porslin för folket: en konstbok från Nationalmuseum*, Stockholm: Nationalmuseum.

Rudberg, Eva (1995) Rakknivan och lösmanschetten: Stockholmsutställningen 1930 och "Slöjdstriden", i Wickman, för ekoteknik och hållbart byggande, Mittuniversitetet.

Lindkvist, Anna (2007) *Jorden åt folket: Nationalföreningen mot emigrationen 1907-1925*, Umeå: Institutionen för historiska studier, Umeå Universitet.

Lundberg, Willy Maria (1960) *Ting och tycken*, Stockholm: Rabén & Sjögren.

Lundin, Cläes (1890) *Nya Stockholm*, Stockholm: Gebers.

Mattsson, Helena (2012) Designing the "Consumer in Infinity" : The Swedish Cooperative Union's New Consumer Policy, c.1970, in Fallan, Kjetil ed., *Scandinavian Design: Alternative Histories*, Oxford: Berg.

Mattsson, Helena & Wallenstein, Sven-Olov eds. (2010) *Swedish Modernism: Architecture, Consumption and the Welfare State*, London: Black Dog.

Meister, Anna red. (2012) *Lilli & Prinsen: 100 år av hemslöjd och textil konst*, Stockholm: Carlsson.

Morris, William (1880/2012) The Beauty of Life, in *The Collected Works of William Morris: Volume 22*, Cambridge University Press.

Myrdal, Alva & Myrdal, Gunnar (1997[1934]) *Kris i befolkningsfrågan*, Nora: Nya Doxa.

Nordström, Alf (1948) *Om arbetarbostäder i Stockholm under 1800-talet senare del*, Stockholms stads museinämnden årsberättelser, K.L. Beckmans Boktryckeri.

Norlin, Margareta (2007) *Stig Lindberg: en folkhemmets formgivare*, Hallsberg: Plantago media.

Nylén, Anna-Maja (1969) *Hemslöjd : den svenska hemslöjden fram till 1800-talets slut*, Lund: H. Ohlsson.

Paulsson, Gregor (1915) *Skånes dekorativa konst under tiden för den skönhetssinnets odling: en återblick och några framtidsönskningar,* Uppsala: Appelberg.

Key-Åberg, Karl (1897) *Af Stockholms stadsfullmäktige beslutad undersökning af arbetarnes bostadsförhållanden i Stockholm,* Stockholm.

Koch, Martin (1912) *Arbetare: en historia om hat,* Stockholm: Albert Bonniers förlag.

Kristoffersson, Sara (2010) Pionjärerna som lärde oss skilja på fint och fult, i *Svenska dagbladet,* februari 4, 2010.

Lane, Barbara Miller (2008) An introduction to Ellen Key's "Beauty in the Home", in Creagh, L., Kåberg, H. & Lane, B. M. eds., *Modern Swedish Design: Three founding texts,* New York: The Museum of Modern Art.

Larsson, Carl (1899) *Ett hem: 24 målningar med text af Carl Larsson,* Stockholm: Albert Bonniers förlag.

Larsson, Lena (1960) Köp, slit, släng: Några funderingar kring ett slitstarkt ämne, i *Form,* nr. 7-8, 1960, Stockholm: Svenska Slöjdföreningen.

Larsson, Lena (1995) Lära sig att bo: Om Slöjdföreningens bo-utställningar på 1940- och 50-talen, i Wickman, Kerstin red., *Formens rörelse: Svensk Form genom 150 år,* Stockholm: Carlsson.

Larsson, Ulf & Molander, Lisa (2009) *Efterkrigstidens Bostadsbebyggelse,* Byggnadshistorisk rapport 2009:14, Västergötlands museum.

Lengborn, Thorbjörn (2002) *Ellen Key och skönheten: estetiska och konstpedagogiska utvecklingslinjer i Ellen Keys författarskap 1891-1906,* Hedemora: Gidlund.

Lindblad, Helena (2015) *Fallstudie av Ragnar Östbergs "Ett hem" med avseende på hållbarhetsaspekter,* Examensarbete vid Avdelningen *svensk folkhemspolitik*, Stockholm: Carlsson.

Hänström, Claes (2004) *Ett ideologiskt hem: en kritisk analys av folkhemstankens ingangsvarden och ideologiska utveckling*, Lund: Institutionen för kulturgeografi och ekonomisk Geografi, Lunds universitet.

Ivanov, Gunnela (2004) *Vackrare vardagsvara – design för alla?: Gregor Paulsson och Svenska Slöjdföreningen*, Umeå: Umeå universitet.

Johansson, Gotthard (1943) Normering av bostadsplanen: en preliminär redogörelse för SAR:s och SSF:s bostadsutredning, i *Byggmästaren*, nr.8.

Johansson, Gotthard ed. (1964[1955]) *Bostadsvanor och bostadsnormer [Bostadsvanor i Stockholm under 1940-talet]*, Svenska Arkitekters Riksförbund och Svenska Slöjdföreningens Bostadsutredning, Stockholm: Kooperativa Förbundets förlag.

Johnson, Anders (2006) *Folkhemmet före Per Albin: om välfärdssamhällets liberala och privata rötter*, Stockholm: Timbro.

Karlsson, Lena (2010) Akut bostadsbrist i hundra år, i *Södermalmsnytt*, november 27 - december 3, 2010, Stockholm: Stockholms stadsbibliotek.

Key, Ellen (1891/1899) Vardagsskönhet, i *Skönhet för alla: fyra uppsatser*, Stockholm: Albert Bonniers Boktryckeri.

Key, Ellen (1895) *Individualism och socialism: några tankar om de få och de många*, Stockholm: Bonnier.

Key, Ellen (1897/1899) Skönhet i hemmen, i *Skönhet för alla: fyra uppsatser*, Stockholm: Albert Bonniers Boktryckeri.

Key, Ellen (1899) *Skönhet för alla: fyra uppsatser*, Stockholm: Albert Bonniers Boktryckeri.

Key, Ellen (1906) *Folkbildningsarbetet: särskildt med hänsyn till utvandrarnes egna uppgifter*, Stockholm: Nordiska bokhandeln.

Eriksson, Eva (1990) *Den moderna stadens födelse: svensk arkitektur 1890–1920*, Stockholm: Ordfront.

Eriksson, Eva (2001) *Den moderna staden tar form: arkitektur och debatt 1919–1935*, Stockholm: Ordfront.

Forsslund, Karl-Erik (1900) *Storgården: en bok om ett hem*, Stockholm: Wahlström & Widstrand.

Frick, Gunilla (1978) *Svenska Slöjdföreningen och konstindustri före 1905*, Stockholm: Nordiska museet.

Färnström, Maud (2009) *Rörelse i tid och rum: hembygd, hembygdsrörelse och kulturturism i då- nu- och framtida perspektiv*, Lund: Maud Färnström.

Geijerstam, Gustaf af (1894) *Anteckningar om arbetarnas bostadsförhållanden i Stockholm*, Stockholm: Samson & Wallin.

Gunnarsson, Torsten red. (1992) *Carl Larsson*, Höganäs: Bra böcker.

Gustafson, Gideon (1966) "Senapskornet" i Lagga, i Leander, Sigrid red., *Folkbildningsminnen: minnesanteckningar till folkrörelsernas och folkbildningsarbetets historia*, Karlskrona: Axel Abrahamsons Boktryckeri.

Göransdotter, Maria (1997) Smakfostran och heminredning. Om estetiska diskurser och bildning till bättre boende i Sverige 1930–1955, i Söderberg, Johan & Magnusson, Lars red., *Kultur och konsumtion i Norden 1750–1950*, Helsingfors: FHS.

Hamilton, Louise (1917) *Ellen Key: en livsbild*, Stockholm: Wahlström & Widstrand.

Hedenmo, Martin & von Platen, Fredrik (2007) *Bostadspolitiken: svensk politik för boende, planering och byggande under 130 år*, Karlskrona: Boverket.

Hirdman, Yvonne (1989/2010) *Att lägga livet till rätta: studier i*

Beskow, Natanael. (1917/2012) Vad vi vilja och hur det började, i Öhman, Sara red. (2012) *Birkagårdens 100 år: 1912-2012*, Stockholm: Stiftelsen Birkagården.

Björk, Monika & Kaijser, Eva (2005) *Svenska Hem: en passionerad affär*, Stockholm: Stockholmia.

Björkroth, Maria (2000) *Hembygd i samtid och famtid 1890–1930*, Umeå: Iinstitutionen för kultur och medier, Umeå universitet.

Boman, Monica (1995) 1945: Bostadsfrågan i centrum, i Wickman, Kerstin red., *Formens rörelse: Svensk Form genom 150 år*, Stockholm: Carlsson.

Brissman, Sara & Wilkor, Sara-Lena (2002) *Folkbildning i förändring?: en studie kring ABF:s och IOGT/NBV:s folkbildning från år 1894-1999*, Borås: Bibliotekshögskolan, Högskolan i Borås.

Brunnström, Lasse (2010) *Svensk designhistoria*, Stockholm: Raster.

Brunnström, Lisa (2004) *Det svenska folkhemsbygget: om Kooperativa Förbundets arkitektkontor*, Stockholm: Arkitektur.

Cornell, Elias (1965) *Ragnar Östberg, svensk arkitekt*, Stockholm: Byggmästarens förlag.

Danielsson, Sofia (1991) *Den goda smaken och samhällsnyttan: om Handarbetets Vänner och den svenska hemslöjdsrörelsen*, Stockholm: Nordiska museet.

Edquist, Sammuel (2009) *En folklig historia: historieskrivningen i studieförbund och hembygdsrörelse*, Umeå: Boréa.

Eklund, Gun-Britt & Thunell, Inger (2001) *Gustaf Ankarcrona 1869–1933*, Leksand: Leksands kommuns kulturförvaltning.

Eklund, Peter (2009) *Wilhelm Kåge: formgivare i folkhemmet*, Gustavsberg: Gustavsbergs porslinsmuseum.

Emigrationsutredningen (1908) *Emigrationsutredningen: bilaga 7:*

モリス、ウィリアム（1879=1973）「民衆の芸術」、梅根悟編『世界教育学名著選18　モリス　民衆のための芸術教育』内藤史郎訳、明治図書。

ヤンソン、トーベ（1963=1983）『ムーミン谷の仲間たち』山室静訳、講談社。

吉見俊哉（1992）『博覧会の政治学―まなざしの近代』中公新書。

リンドグレーン、アストリッド（1947＝1965）『やかまし村の子どもたち』大塚勇三訳、岩波書店。

レヴィット、サラ・A.（2002=2014）『アメリカの家庭と住宅の文化史―家事アドバイザーの誕生』岩野雅子・永田喬・ウィルソン、エイミー・D. 訳、彩流社。

レングボルン、トールビョルン（1977=1982）『エレン・ケイ教育学の研究―「児童の世紀」を出発点として』小野寺信・小野寺百合子訳、玉川大学出版部。

Aléx, Peder (1994) *Den rationella konsumenten: KF som folkuppfostrare 1899–1939*, Stockholm: Brutus Östlings bokförlag Symposion.

Ambjörnsson, Ronny (1995) *Tokstollen och andra idéhistorier*, Stockholm: Carlsson.

Ambjörnsson, Ronny (2007) Svenska hem, i *Dagens Nyheter*, januari 20, 2007.

Andersson, Kaj red. (1945) *Så ska vi ha't: Gustavsbergscirkel propagerar för bättre hem*, Stockholm: Svenska slöjdföreningen, Bo-kommittén.

Andersson, Ola (2014) Folkhemsbygget i KF:s regi, i *Svenska Dagbladet*, june 11, 2004.

Asplund, G., Gahn, W., Markelius, S., Paulsson, G., Sundahl, E. & Åhrén, U. (1931) *Acceptera*, Stockholm: Tiden.

Bergman, Ingrid (1999) *Artur Hazelius: Nordiska museets och Skansens skapare*, Stockholm: Nordiska museet.

西川祐子・祐成保志・篠原聡子・黒石いずみ・山崎泰寛・鉄矢悦朗・巌爽・藤原徹平（2014）「住まい教育と社会」、『建築雑誌』No.1657（2014年4月号）。

ネイラー、ジリアン（1990=1997）「スウェディッシュ・グレイス―それはモダニズム受容の姿なのか」梅宮弘光訳、グリーンハルジュ、ポール編『デザインのモダニズム』鹿島出版会。

パーモンティエ、ミヒャエル（2012）『ミュージアム・エデュケーション―感性と知性を拓く想起空間』眞壁宏幹訳、慶應義塾大学出版会。

平山洋介（2009）『住宅政策のどこが問題か―〈持家社会〉の次を展望する』光文社新書。

フォーティー、エイドリアン（1986=2010）『欲望のオブジェ―デザインと社会 1750年以後』高島平吾訳、鹿島出版会。

藤田治彦（1996）『ウィリアム・モリス―近代デザインの原点』鹿島出版会。

藤田治彦（2009）「ウィリアム・モリスとアーツ・アンド・クラフツ運動」、藤田治彦編『芸術と福祉―アーティストとしての人間』大阪大学出版会。

ペヴスナー、ニコラス（1949=1957）『モダン・デザインの展開―モリスからグロピウスまで』白石博三訳、みすず書房。

ベル、モバリー・E.（1971＝2001）『英国住宅物語―ナショナルトラスト創始者オクタヴィア・ヒル伝』平弘明・松本茂訳、中島明子監訳、日本経済評論社。

ボルノウ、オットー・フリードリッヒ（1963=1978）『人間と空間』大塚惠一他訳、せりか書房。

溝上智恵子（1998）「ナショナリズムの装置としての文化施設」文化経済学会『文化経済学』第1巻第2号。

宮本太郎（1999）『福祉国家という戦略―スウェーデンモデルの政治経済学』法律文化社。

川島洋一（2000）「スウェーデンの画家カール・ラーションとナショナル・ロマンティシズム」、『福井工業大学研究紀要』第30号。

川島洋一（2005/2014）「アスプルンド　生と建築」、吉村行雄・川島洋一『E. G. Asplund　アスプルンドの建築 1885-1940』TOTO出版。

京都国立近代美術館・群馬県立近代美術館・世田谷美術館（1987）『スウェーデンのテキスタイル・アート』。

クリストッフェション、サーラ（2014＝2015）『イケアとスウェーデン―福祉国家イメージの文化史』太田美幸訳、新評論。

桑子敏雄（2001）『感性の哲学』日本放送出版協会。

ケイ、エレン（1900＝1979）『児童の世紀』小野寺信・小野寺百合子訳、冨山房百科文庫。

ケメニー、ジム（1992=2014）『ハウジングと福祉国家―居住空間の社会的構築』祐成保志訳、新曜社。

コロミーナ、ビアトリス＆ウィグリー、マーク（2016＝2017）『我々は人間なのか？―デザインと人間をめぐる考古学的覚書き』牧尾晴喜訳、ビー・エヌ・エヌ新社。

菅靖子（2001）「戦後スウェーデンにおけるスタジオ・クラフツ運動と文化政策」、『文化経済学』第２巻第４号。

菅靖子（2005）『イギリスの社会とデザイン―モリスとモダニズムの政治学』彩流社。

祐成保志（2008）『〈住宅〉の歴史社会学―日常生活をめぐる啓蒙・動員・産業化』新曜社。

関啓子（1998）「比較発達社会史の冒険―ひとりだちをめぐるタタール人の葛藤の歴史」、中内敏夫・関啓子・太田素子編『人間形成の全体史―比較発達社会史への道』大月書店。

デューイ、ジョン（1916=1975）『民主主義と教育（上）』松野安男訳、岩波文庫。

トゥアン、イーフー（1982=1993）『個人空間の誕生―食卓・家屋・劇場・世界』阿部一訳、せりか書房。

参考文献一覧

青木利夫・柿内真紀・関啓子編（2015）『生活世界に織り込まれた発達文化—人間形成の全体史への道』東信堂。

荒屋鋪透（2016）『カール・ラーション—スウェーデンの暮らしと愛の情景』東京美術。

アレクサンダー、E. P.（1983=2002）「アーサー・ハゼリウスとスカンセン野外博物館」矢島國雄・本間与之訳、『明治大学学芸員養成課程紀要』第14号。

石原俊時（1996）『市民社会と労働者文化—スウェーデン福祉国家の社会的起源』木鐸社。

石原俊時（2012）「福祉国家のオルターナティヴ？—二〇世紀初頭スウェーデンにおける福祉社会」、高田実・中野智世編『近代ヨーロッパの探究15　福祉』ミネルヴァ書房。

伊藤大介（2004）「ナショナル・ロマンティシズムとモダニズムが築いた未来像」、島崎信他『北欧インテリア・デザイン』平凡社。

太田美幸（2011）『生涯学習社会のポリティクス—スウェーデン成人教育の歴史と構造』新評論。

太田美幸（2015）「スウェーデンにおけるセツルメント運動の歴史と現在」、松田武雄編『社会教育福祉の諸相と課題—欧米とアジアの比較研究』大学教育出版。

柏木博（1992）『デザインの20世紀』日本放送出版協会。

カッレントフト、モンス＆ルッテマン、マルクス（2014＝2018）『刑事ザック　夜の顎（下）』荷見明子訳、早川書房。

川島洋一（1996）「スウェーデンの近代的住宅像形成過程におけるカール・ラーション自邸の意義」、関西意匠学会『デザイン理論』第35号。

川島洋一（1999）「カール・ラーション自邸—終焉に咲いたもう一つの近代」、『住宅建築』291号。

（６）コロミーナ＆ウィグリー（2016＝2017）83頁。
（７）パーモンティエ（2012）250頁。
（８）パーモンティエ（2012）246頁。
（９）Göransdotter (1997) s.270.
（10）桑子（2001）14～15頁。
（11）溝上（1998）35頁。
（12）レヴィット（2002=2014）17～18頁。
（13）レヴィット（2002=2014）18頁。
（14）関（1998）283頁。
（15）青木・柿内・関編（2015）vi頁。
（16）関（1998）304頁。
（17）西川・祐成・篠原他（2004）５頁。
（18）西川・祐成・篠原他（2004）５～６頁。

(36) Brunnström (2010) s.145.
(37) Paulsson (1974) s.143, Brunnström (2004) s.43-44, Aléx (1994) s.189-190.
(38) Brunnström (2004) s.18-19.
(39) Brunnström (2004) s.18-19.
(40) Aléx (1994) s.194-196.
(41) Aléx (1994).
(42) Aléx (1994) s.192.
(43) Aléx (1994) s.238.
(44) クリストッフェション（2014＝2015）198頁。
(45) Brunström (2010) s.135.
(46) Göransdotter (1997) s.268.
(47) Larsson (1995) s.142.
(48) Larsson (1960).
(49) Robach (2002b) s.327.
(50) ボルノウ（1963＝1978）144～145頁。
(51) カッレントフト&ルッテマン（2014＝2018）188頁。
(52) Hållbar Stad, *Miljonprogrammets hemligheter: Erik Stenberg om tanken och den dolda potentialen*, 2017.08.21. (https://hallbarstad.se/hallbar-arkitektur/miljonprogrammets-hemligheter/) 2018年２月４日閲覧。
(53) 太田（2015）。

【終章】

（１）ネイラー（1990＝1997）176、182頁。
（２）Robach (2003) s.116.
（３）平山（2009）。
（４）コロミーナ&ウィグリー（2016＝2017）９頁。
（５）柏木（1992）４頁。

（8）Göransdotter（1997）s.255, Robach（2002b）s.318.
（9）Göransdotter（1997）s.271.
（10）Boman（1995）s.174.
（11）Åkerman（1941）.
（12）Boman（1995）s.157.
（13）Boman（1995）s.158.
（14）Åkerman（1941）s.19.
（15）Johansson（1943）s.114, Göransdotter（1997）s.262-263.
（16）Boman（1995）s.157.
（17）Larsson（1995）s.144.
（18）Larsson（1995）s.148.
（19）Larsson（1995）.
（20）Larsson（1995）s.150.
（21）Larsson（1995）s.148.
（22）Larsson（1995）s.148.
（23）Robach（2002b）s.316.
（24）Ambjörnsson（2007）.
（25）Göransdotter（1997）s.259.
（26）Hirdman（1989/2010）s.95-96.
（27）Robach（2002b）s.318.
（28）Boman（1995）s.160-161.
（29）Boman（1995）s.164.
（30）Boman（1995）s.164.
（31）Brunnström（2010）s.143.
（32）Brunnström（2010）s.146.
（33）Brunnström（2004）s.15.
（34）ＫＦのウェブサイト（http://kf.se/medlemskapet/）を参照。2018年１月29日閲覧。
（35）Aléx（1994）s.192.

(5) Larsson & Molander (2009) s.12.
(6) Stockholms stadsmuseum (1977) s.ix.
(7) Lindkvist (2007) s.158-159.
(8) Lindkvist (2007) s.158-159.
(9) Emigrationsutredningen (1908) s.254-255.
(10) Emigrationsutredningen (1908) s.255-256.
(11) Lindkvist (2007) s.161-163.
(12) Lindkvist (2007) s.156.
(13) Hirdman (1989/2010) s.89.
(14) 宮本 (1999) 69頁。
(15) Asplund, Gahn, Markelius, Paulsson, Sundahl & Åhrén (1931) s.48.
(16) Myrdal & Myrdal (1997[1934]).
(17) Larsson & Molander (2009) s.18.
(18) スウェーデン公営住宅連盟 (Sveriges Allmännyttiga Bostadsföretag：SABO) のウェブサイト (https://www.sabo.se/allmannyttan/) を参照。2018年1月26日閲覧。
(19) ケメニー (1992＝2014) 180頁。
(20) ケメニー (1992＝2014) 178～182頁。

【第7章】

(1) Eklund (2009), Norlin (2007).
(2) Larsson (1995).
(3) Andersson red. (1945).
(4) Göransdotter (1997) s.268, Svenska Slöjdföreningens årsberättelse, åren 1944 till 1955.
(5) Robach (2002a) p.190.
(6) Robach (2002b) s.316.
(7) Thörn (1997) s.193, Aléx (1994) s.182.

（16）以下、1917年の住宅展覧会とその背景については、Wickman（1995）による。
（17）Kristoffersson（2010）.
（18）Paulsson（1919）.
（19）以下、1930年のストックホルム博覧会の会場の様子については、Rudberg（1999）による。
（20）Ivanov（2004）s.233.
（21）ネイラー（1990＝1997）188頁。
（22）川島（2005／2014）20頁。
（23）ネイラー（1990＝1997）191頁。
（24）Rudberg（2010）p.154.
（25）Rudberg（1995）s.127.
（26）Rudberg（1995）s.126-129.
（27）Rudberg（1995）s.131.
（28）Asplund, Gahn, Markelius, Paulsson, Sundahl & Åhren（1931）.

【第６章】

（１）ヨーハンソン家とかれらの住まいの描写については、北欧博物館のウェブサイトにおける「Folkhemslägenheten」のページ（https://www.nordiskamuseet.se/utstallningar/folkhemslagenheten）を参照。2017年９月28日閲覧。
（２）Thörn（1997）s.251-255.
（３）HSB のウェブサイト（https://www.hsb.se/ostra/brf/brudlyckan/om-foreningen/var-och-hsbs-historia/sven-wallander--arkitekt-och-idespruta/）を参照。2017年10月15日閲覧。
（４）HSB の初期の活動については、HSB 全国組織のウェブサイト「Historien om HSB」（http://hsb-historien.se/）を参照。2017年10月15日閲覧。

（13） Key-Åberg（1897）.

（14） Nordström（1948）s.16.

（15） Lundin（1890）s.22.

（16） ベル（1971＝2001）。

（17） Persson（1985）s.42-47.

（18） Brissman & Wilkor（2002）s.36-38.

（19） Selén（1968）s.111-112.

（20） Johnson（2006）s.2.

（21） Beskow（1917/2012）s.58.

（22） Ambjörnsson（2007）.

【第５章】

（１） Cornell（1965）s.20.

（２） Lindblad（2015）s.17-18.

（３） Östberg（1913）s.16.

（４） Key（1906）s.188-189.

（５） Thörn（1997）s.174.

（６） Key（1906）s.142, 215.

（７） Lane（2008）p.31.

（８） 川島（2005／2014）12～16頁。

（９） 川島（2005／2014）26～30頁。

（10） Karlsson（2010）.

（11） Ivanov（2004）s.136-137.

（12） 以下、当時のパウルソンの活動と思想については、Ivanov（2004）Kapitel Ⅲによる。

（13） Key（1906）s.iii. パウルソンは1968年に書いた回顧録でこのことに触れている。Paulsson（1968）s.20.

（14） Ivanov（2004）s.87-90.

（15） Paulsson（1915）.

（12）モリス（1879＝1973）54頁。
（13）Morris（1880/2012）p.76.
（14）Morris（1880/2012）pp.75-76.
（15）Key（1897/1913）s.6.
（16）Key（1897/1913）s.5.
（17）Key（1897/1913）s.18-31.
（18）Key（1897/1913）s.8.
（19）Lane（2008）p.26.
（20）Key（1897/1913）s.8-9.
（21）Key（1897/1913）s.16-17.
（22）Thörn（1997）s.177.
（23）Key（1895）s.33-34.
（24）Lane（2008）p.28.
（25）Key（1906）s.66.

【第４章】

（１）Ström（2005）.
（２）Stockholms Stadsmuseum（1988）s.19-21.
（３）Stockholms Stadsmuseum（1974）s.11-13.
（４）Stockholms Stadsmuseum（1990）s.9-12.
（５）Stockholms Stadsmuseum（1991）s.7-10.
（６）Stockholms Stadsmuseum（1998）s.1.
（７）Eriksson（1990）s.61-66.
（８）Koch（1912）s.57-58.
（９）Geijerstam（1894）s.49.
（10）Geijerstam（1894）s.11-12.
（11）以下の記述はGeijerstam（1894）による。
（12）Karlsson（2010）. 引用箇所はこの記事のなかで紹介されている19世紀末の新聞記事。

（３）Nylén（1969）s.14-15.
（４）Nylén（1969）s.24.
（５）Frick（1978）s.51.
（６）Qvist（1960）s.303.
（７）Danielsson（1991）s.60-75.
（８）京都国立近代美術館他（1987）８～13頁。
（９）Meister red.（2012）s.103, Danielsson（1991）s.248.
（10）Meister red.（2012）s.106.
（11）吉見（1992）32頁。
（12）吉見（1992）47～54頁。
（13）コロミーナ&ウィグリー（2016＝2017）82～83頁。
（14）菅（2005）34～35頁。
（15）ペヴスナー（1949＝1957）31～35頁。
（16）Frick（1978）s.72-74.
（17）Ivanov（2004）s.130.

【第３章】

（１）クリストッフェション（2014＝2015）124頁。
（２）Larsson（1899）s.2.
（３）Larsson（1899）s.2. 訳は著者によるものだが、川島（1996）65頁の訳も参照した。
（４）Lane（2008）p.30.
（５）Hamilton（1917）s.63, Lane（2008）p.20.
（６）Lane（2008）, p.22.
（７）Key（1891/1913）s.39.
（８）Key（1891/1913）s.39-42.
（９）藤田（1996）（2009）。
（10）モリス（1879＝1973）49～50頁。
（11）モリス（1879＝1973）51頁。

注

【序章】

（１）リンドグレーン（1947＝1965）30頁。
（２）菅（2001）17頁。
（３）デューイ（1916＝1975）37～39頁。
（４）ボルノウ（1963＝1978）130頁。
（５）コロミーナ&ウィグリー（2016＝2017）９頁。
（６）柏木（1992）４頁。
（７）コロミーナ&ウィグリー（2016＝2017）82～83頁。

【第１章】

（１）以下、ハセリウスの経歴やスカンセンの活動については、Bergman（1999）による。
（２）スウェーデン景観保存連盟のウェブサイト（https://www.hembygd.se/om-shf/hembygdsrorelsen-i-siffror/）を参照。2017年４月８日閲覧。
（３）Eklund & Thunell (2001).
（４）太田（2011）104～108頁。
（５）Gustafson (1966).
（６）Gustafson (1966).
（７）Forsslund (1900).
（８）Edquist (2009).
（９）Edquist (2009).

【第２章】

（１）Frick (1978) s.45-47.
（２）Frick (1978) s.47.

240頁　設立当初のKFAIのオフィス内の様子。撮影者不明、1927年、KF:s bildarkiv 所蔵。

242頁　1940年代のコンスム店舗のショーウィンドウ。撮影者不明、1940年代、Mälarhöjden med omnejd 所収。

242頁　ストックホルム郊外ビョルクハーゲン地区のセルフサービス店の内部。撮影者不明、1948年、Stockholms stadsarkiv 所蔵。

252頁　テンスタ地区内の自動車道路。Jonas Ferenius 撮影、1969年、Stockholms Stadsmuseum 所蔵。

253頁　ストックホルム郊外テンスタ地区の建設風景。Lennart af Petersens, 撮影、1971年、Stockholms Stadsmuseum 所蔵。

254頁　現在のテンスタ地区（２枚）。筆者撮影。

187頁　現在のガムラ・エンシェーデ地区（２枚)。筆者撮影。
189頁　スカンセンに展示されている19世紀末のスタータレの長屋（４枚)。筆者撮影。
193頁　1850–2008年の流出移民と流入移民。SCB（2010）s.73.
202頁　オルステンスガータン通りのテラスハウス。筆者撮影。
202頁　自宅前に立つハンソン首相。撮影者不明、1932～1946年、Moderna museet 所蔵。
205頁　1936年のオルステン地区。Gustaf Wernersson Cronquist 撮影、1936年、Stockholms stadsmuseum 所蔵。
205頁　ノラ・エングビィ地区。撮影者不明、1930年、*Stockholms trafikkontor*。
205頁　ノラ・エングビィ地区におけるセルフビルドの様子。撮影者不明、1935年、Stockholms stadsmuseum 所蔵。
205頁　ミュルダール邸。撮影者不明、1937年、*Sven Markelius, arkitekt*。
206頁　ストックホルム郊外トラーネベリ地区の多子住宅。Nils Åzelius 撮影、1937年、Stockholms Stadsmuseum 所蔵。

【第７章】

212頁　グスタフスベリの元陶磁器工場（４枚)。筆者撮影。
214頁　スティグ・リンドベリとリサ・ラーソン。Bent K. Rasmussen 撮影、1967年、Nationalmuseum 所蔵。
214頁　ヴィルヘルム・コーゲとスティグ・リンドベリ。撮影者不明、1930年代末、Nationalmuseum 所蔵。牽引
232頁　HFI による調査の様子。Olle Widfeldt 撮影、1950年、Stockholms stadsmuseum 所蔵。
237頁　ストックホルムの COOP 店舗。筆者撮影。
240頁　ストックホルム郊外スヴェドミューラ地区のコンスム店舗。撮影者不明、1934年、KF:s bildarkiv 所蔵。

162頁　1897年に開催されたストックホルム博覧会。撮影者不明、1897年、Stockholms stadsmuseum 所蔵。

162頁　1930年ストックホルム博覧会の会場。Gustaf Wernersson Cronquist 撮影、1930年、Arkitektur-och designcentrum 所蔵。

163頁　「祝祭広場」と名付けられた広場。Gustaf Wernersson Cronquist 撮影、1930年、Stockholms stadsmuseum 所蔵。

163頁　ストックホルムホルム博覧会のメインレストラン。撮影者不明、1930年、pressfoto。

164頁　ウーノ・オレーンが設計したテラスハウス。撮影者不明、*Byggmästaren 1930*。

164頁　クヌート・フォン・シュマレンシ―が設計した戸建住宅。撮影者不明、*Byggmästaren 1930*。

165頁　1930年のストックホルム博覧会のパンフレット。Stockholms stadsarkiv 所蔵。

【第６章】

174頁　北欧博物館での「国民の家のアパートメント」の展示（６枚）。筆者撮影。

177頁　クングスホルメンにある HSB のオフィス。筆者撮影。

181頁　セーデルマルム北西部マルモーン地区の HSB の集合住宅。Enhamre 撮影、2008年。

181頁　1930年代に建設されたフンキスのキッチン。撮影者・撮影年不明、Arkitekturmuseum 所蔵。

184頁　セーデシュダルスガータン通りの簡易住宅。筆者撮影。

184頁　ストックホルム西部アルヴィク地区における簡易住宅建設の様子。撮影者不明、1917年、AlvikBromma hembygdsförening 所蔵。

187頁　都心の集合住宅とエンシェーデの戸建てを比較した図。Stockholms stadsmuseum (1977) s.ix.

126頁　ビルカゴーデン。筆者撮影。

126頁　セーデルゴーデン。筆者撮影。

127頁　コレクティブ・ハウス「ヘムゴーデン」(２枚)。筆者撮影。

130頁　スヴェンスカ・ヘムの店舗内の様子（２枚)。撮影者不明、(上) 1906年、(下) 1910–1922年、Stockholms stadsmuseum 所蔵。

【第５章】

134頁　ストックホルム市庁舎（２枚)。筆者撮影。

140頁　イェテボリ市のルスカ美術工芸博物館。筆者撮影。

140頁　ストックホルム市エステルマルム北西部に位置する住宅地。筆者撮影。

140頁　スウェーデン医師会館の外観とファサード（２枚)。筆者撮影。

142頁　森の墓地。筆者撮影。

144頁　アスプルンドが設計した簡易住宅。Gunnar Asplund、1917年、Arkitekturmuseet 所蔵。

145頁　ストックホルム市立図書館の内部。筆者撮影。

152頁　リリエヴァルクス・ギャラリー（1950年代)。撮影者不明、*Svensk Arkitektur 1640–1970*。

153頁　アスプルンドによる「住まいのキッチン」。撮影者不明、Svensk Form。

154頁　マルムステンの家具。撮影者不明、*Form genom tiden*。

154頁　オレーンによるダイニングのインテリア。撮影者不明、Form genom tiden。

155頁　ヴィルヘルム・コーゲ。Malmström, Victor 撮影、1938年、Tekniska museet 所蔵。

155頁　Nationalmuseum に展示されている「リリエブロー」。Holger Ellgaard 撮影。

160頁　シーモン・ガーテの作品（1924年)。Holger Ellgaard 撮影。

をもとに筆者作成。

107頁　1885年のストックホルムの地図。A.R.Lundgren、Herman Markman、1885年、Stockholms stadsarkiv 所蔵。

107頁　20世紀初頭のシビリエン地区。Larssons Ateljé、1902年、Stockholms stadsarkiv 所蔵。

107頁　現在のシビリエン地区。筆者撮影。

108頁　現在のビルカ地区。筆者撮影。

108頁　1902年のビルカ地区。Larssons Ateljé、1902年、Stockholms stadsmuseum 所蔵。

109頁　1896年のハントヴェルカルガータン通り。撮影者不明、1896年、Stockholms stadsmuseum 所蔵。

109頁　現在のハントヴェルカルガータン通りとストックホルム市庁舎。筆者撮影。

110頁　現在のスタッツハーゲン地区。筆者撮影。

110頁　スタッツハーゲン地区に建てられた小屋。撮影者不明、1902年頃、Stockholms stadsmuseum 所蔵。

116頁　19世紀末の労働者住宅の過密状態。Oskar Andersson、1898年、Stockholms stadsmuseum 所蔵。

116頁　路上にうち捨てられた家財道具（20世紀初頭）。Axel Malmström 撮影、1900-1920年、Stockholms stadsmuseum 所蔵。

117頁　ヴァルハラヴェーゲン通りの簡易住宅。Axel Malmström 撮影、1908年、Stockholms stadsmuseum 所蔵。

120頁　ストックホルム労働者住宅の建物。筆者撮影。

121頁　ストックホルム労働者住宅の図書室。撮影者不明、1913年、Stockholms stadsmuseum 所蔵。

123頁　スヴェアヴェーゲン通りにあるストックホルム市立図書館。筆者撮影。

123頁　現在の ABF 本部ビル。筆者撮影。

蔵。

57頁　リリー・シッケルマン。撮影者不明、1920-30年頃、Nordiska museet 所蔵。

58頁　ヘムスロイド協会の店舗。筆者撮影。

【第３章】

70頁　観光客のための案内板とカール・ラーション・ゴーデンの入り口（２枚）。筆者撮影。

71頁　リッラ・ヒュットネスの外観と玄関（２枚）。筆者撮影。

72頁　リッラ・ヒュットネスの食堂。Carl Larsson-gården 提供。

72頁　リッラ・ヒュットネスの居間。Carl Larsson-gården 提供。

78頁　「子どもたちが寝静まったあとで」(*Ett hem*, s.25) Nationalmuseum 所蔵。

79頁　「居間でお仕置き」（*Ett hem*, s.26）Nationalmuseum 所蔵。

79頁　「窓辺の花」（*Ett hem*, s.27）Nationalmuseum 所蔵。

82頁　ストックホルム労働者協会（２枚）。いずれも撮影者不明、Stockholms stadsarkiv 所蔵。

82頁　エレン・ケイの彫像。筆者撮影。

94頁　ストランド荘へのアプローチ。筆者撮影。

94頁　ストランド荘の居間。Ellen Keys Strand 提供。

94頁　湖上から見たストランド荘。Ellen Keys Strand 提供。

【第４章】

102頁　現在のセーデルマルム中心部。筆者撮影。

103頁　20世紀初頭のセーデルマルム南部の労働者居住地区（２枚）。いずれも Kasper Salin撮影、1885-1915 年、Stockholms stadsmuseum 所蔵。

104頁　現存する18世紀の木造家屋（２枚）。筆者撮影。

105頁　1850−1930年のストックホルムの人口推移。Ström（2005）s.55

写真・図表出典

【第１章】

14頁　ストランドヴェーゲン。筆者撮影。
14頁　スカンセンの入り口。筆者撮影。
15頁　工房で焼いたパンを売るベーカリー。筆者撮影。
15頁　陶磁器工房。筆者撮影。
17頁　スカンセン内部の風景（４枚）。筆者撮影。
21頁　スカンセンに再現されている19世紀の農村の様子（５枚）。筆者撮影
30頁　スカンセン西側のハセリウス門（３枚）。筆者撮影。
31頁　スカンセンでの作業の様子とボルネス広場（３枚）。筆者撮影。
35頁　シリヤン湖を望む景色。森元誠二氏提供。
36頁　20世紀初頭のヘムスロイドの様子。映画「Pathé Frères bildserie från hemslöjdens arbetsfält」（1917年）より。Föreningen för Svensk Hemslöjds arkiv, Riksarkivet所蔵、Anna Meister red.（2012）s.7.

【第２章】

44頁　旧エリクソン工場とコンストファック校舎（２枚）。筆者撮影。
50頁　スカンセン内のヘムスロイド売店とスカンセン併設ショップ「Skansenbutiken」（２枚）。筆者撮影。
55頁　ハンドアルベーテッツ・ヴェンネルの本部。筆者撮影。
55頁　タピストリーを仕上げる女性たち。Anton Ambrosius Blomberg撮影、*Handarbetets vänner, Årsberättelse 1902*、Nordiska museet所蔵。
55頁　刺繍をする女性。Anton Ambrosius Blomberg撮影、*Handarbetets vänner, Årsberättelse 1902*、Nordiska museet所

著者紹介

太田美幸（おおた・みゆき）
一橋大学大学院社会学研究科博士後期課程単位取得退学。博士（社会学）。スウェーデン・リンシェーピン大学客員研究員、鳥取大学講師、立教大学文学部准教授を経て、現在、一橋大学大学院社会学研究科教授。
著書に『生涯学習社会のポリティクス―スウェーデン成人教育の歴史と構造』（新評論、2011年）、共編著に『ノンフォーマル教育の可能性』（新評論、2013年）、『ヨーロッパ近代教育の葛藤』（東信堂、2009年）、訳書にコルピ著『政治のなかの保育』（かもがわ出版、2010年）、ニューマン＆スヴェンソン著『性的虐待を受けた少年たち』（新評論、2008年）、クリストッフェション著『イケアとスウェーデン』（新評論、2015年）。

スウェーデン・デザインと福祉国家
―住まいと人づくりの文化史―

2018年10月15日　初版第1刷発行

著者　太田美幸
発行者　武市一幸

発行所　株式会社 新評論

〒169-0051
東京都新宿区西早稲田3-16-28
http://www.shinhyoron.co.jp

電話　03(3202)7391
FAX　03(3202)5832
振替・00160-1-113487

落丁・乱丁はお取り替えします。
定価はカバーに表示してあります。

印刷　フォレスト
製本　中永製本所
装丁　山田英春

Printed in Japan
ISBN978-4-7948-1105-9